组织发展核能

白睿　沈晶　原晔　著

中国法制出版社

CHINA LEGAL PUBLISHING HOUSE

图书在版编目 (CIP) 数据

组织发展核能 / 白睿，沈晶，原晔著 . —北京：中国法制
出版社，2019.7（2021.7 重印）

（组织发展与组织构建系列丛书）

ISBN 978-7-5216-0094-0

Ⅰ.①组⋯ Ⅱ.①白⋯ ②沈⋯ ③原⋯ Ⅲ.①企业管理－人
力资源管理 Ⅳ.① F272.92

中国版本图书馆 CIP 数据核字（2019）第 053616 号

策划编辑：潘孝莉

责任编辑：刘 悦 封面设计：汪要军

组织发展核能

ZUZHI FAZHAN HENENG

著者 / 白睿 沈晶 原晔

经销 / 新华书店

印刷 / 北京虎彩文化传播有限公司

开本 / 710 毫米 × 1000 毫米 16 开 印张 / 16.5 字数 / 173 千

版次 / 2019 年 7 月第 1 版 2021 年 7 月第 3 次印刷

中国法制出版社出版

书号 ISBN 978-7-5216-0094-0 定价：59.00 元

北京西单横二条 2 号 邮政编码 100031 传真：010-66031119

网址：http://www.zgfzs.com 编辑部电话：010-66060794

市场营销部电话：010-66033393 邮购部电话：010-66033288

（如有印装质量问题，请与本社印务部联系调换。电话：010-66032926）

"管理是一种实践，其本质不在于知，而在于行；其验证不在于逻辑，而在于成果；其仅有的权威性就是成就。"

——德鲁克

我认为管理研究应该从以下四个方面入手：一是对重点理论的重要规律的认知，二是优秀企业实践的典型案例，三是对当今现象的分析，四是分析后理论和实践的再发展。对这四个方面的应用在过去40多年中国改革开放和企业快速发展的实践中已经培育出了大量的"标本"，值得我们去做深入的管理研究，或者可以说，在中国进行企业管理研究的价值和条件已经具备。

可是当下出现了一些有意思的现象：很多的研究课题只是为了满足西方管理期刊的要求；企业家与职业经理人回到商学院读书，而他们更重要的目的是搭建人际网络与构建新的商业机会……有幸的是，我在国外游学多年，归国后又从事了企业管理咨询工作，因此能够从国内、国外两个视角来审视管理并广泛地接触多种所有制的组织，围绕组织与人力资源管理体系建设项目进行优化与变革。之后，我逐渐减少了在咨询项目上投入的时间，更多地聚焦于组织与人力资源管理培训和研究工作。后来，又在一家上市集团公司做组织发展工作。通过这些经历，我深刻地感受到组织发展不仅对企业经营具有重要性，对管理研究和实践也具有重要意义。

本书就是做了一项这样的研究：让管理回归实践的本质，不是用一种逻辑去验证什么，而在于在实践中交付的成果。第一章介绍 HR 高薪战队都有谁；第二章是系统性思考企业资源的 OD；第三章讲述企业竞争优势的源泉 TD；第四章讲述企业持久领先的力量 LD；第五章讲述用薪酬福利撬动战略的 C&B；第六章是讲述从墙面到地面、从理念到行为的 OC。

本书给出了实用性的工具，使读者在判断具体状况时有据可依，并且通过判断情况，作出有效应对，继而建立可持续成功的 COE 团队。本书中所分享的知识、技能和案例，不仅可以满足人力资源从业者、OD、TD、LD、C&B 和 OC 们的需求，对投资人、董事会，职业经理人以及管理专业的学生也很重要，对商业整体运营更是具有重要参考价值。

管理一定是来源于实践的，没有管理实践，是无法真正获得管理经验的总结和理论的。超越 HRD，对人力资源哪一个岗位都很难，但是一个具有实践经验的管理团队就可以做到。

在写作过程中，笔者参考了诸多专家、学者的研究成果和案例资料，在此一并致以诚挚的谢意。我将继续致力于组织发展的学习和探索工作，也欢迎各位联系我，共同探讨真理规律、流派思想等，促使中国的组织发展学更丰富、更具有实践性、更国际化。

白睿

01 第一章

COE：HR 的高薪战队都有谁？

目前，组织发展（即 OD）是当之无愧的热门职位，频繁地出现在各大招聘网站。根据各大线上招聘渠道的不完全统计，目前全国范围内共有 200 个年薪在 50 万—100 万元的 OD 相关岗位的需求。很多人也注意到，在相似类型的岗位中，OC、TD 的招聘需求也不少。那么，问题来了，OD、OC、TD、C&B、LD 究竟是什么？

02 第二章

OD：系统性思考企业资源

企业管理者若能够不断系统地思考企业的发展，面对市场变化、行情起伏、时间推移、地域差异时，就仍能推进企业继续向前发展。OD 作为企业发展的"排头兵"，需要经常不断地对组织现状进行调查、分析、判断,这样就可以及时发现薄弱环节、解决存在的问题,从而提高管理水平和应变能力。当下,一些"独角兽"企业,如阿里巴巴、腾讯、京东等非常注重自身的组织发展工作,让其庞大的组织健康、持续地发展。

03　第三章

TD:企业竞争优势源泉

全球化、新型科技以及不断变化的员工期望值使得我们的工作场所经历着持续快速的变化。以职能为划分依据的运营模块界限逐渐模糊,传统的组织架构正在扁平化。几十年前的人才管理与人才发展还是泾渭分明的两个职能,而今天,高层领导们已经日渐发现将其合二为一的价值——只有这样才能对员工绩效和组织绩效产生最大的影响。

04　第四章

LD:企业持久领先的力量

对于企业来说,其根本目的在于发展,而发展的首要任务是找到企业的源能。对于企业来说,其根本的源能又体现在哪些方面?有的人认为这源于发展方向的选择,也有人认为源能就是企业价值观的构建。实际上，企业发展的源能来源于企业内部的创新和团队成员的学习能力，它们是大多数企业的"圣杯"。然而，创新和学习要成为企业发展的源能，就须有正确的企业价值观、战略和完善的管理系统。只有这样，企业和员工才能保持轨道统一，发挥最大势能。

05 第五章
C&B：用薪酬福利撬动企业战略

在企业管理中，如何让薪酬更好地发挥杠杆作用是一个比较宏观的话题。薪酬体系的设计是一项系统性和专业性很强的工作。要想让薪酬管理发挥杠杆作用，首先应当明确"杠杆"要撬动的是什么，即根据企业的战略目标确定公司在当前阶段希望重点激励的是什么。

06 第六章
OC：从墙面到地面，从理念到行为

OC（组织文化）能够帮助企业建立长期发展需要的 DNA、体系化沉淀 OC 产品、打造文化特性和固化的品牌形象。OC 的主要任务是根据业务特点和人群特性策划、组织大型文化项目；基于业务战略与人力资源策略搭建文化场景，给企业提供必要的、与业务相配套的文化产品。

ORGANIZATION DEVELOPMENT OF FACTOR

第一章 COE：HR 的高薪战队都有谁？

　　预计到2025年，全球人力资源管理软件市场的规模将达300亿美元。创新型人力资源解决方案的业务正在蓬勃发展。人力资源已经成为一个由专业人士组成的行业，但是在管理每个员工职业生命周期的复杂过程中，他们的负担历来过重。目前，人力资源行业正在经历改革，以HRD为首的人力资源部门正在将自身的专业分散给更多的职位，COE（Center of Expertise，即人力资源专家中心）也成为企业内部由资深专家组成的智囊团的角色。

　　目前，组织发展（即OD）是当之无愧的热门职位，频繁地出现在各大招聘网站。根据各大线上招聘渠道的不完全统计，目前全国范围内共有200个年薪在50万—100万元的OD相关岗位的需求。很多人也注意到，在相似类型的岗位中，OC、TD的招聘需求也不少。那么，问题来了，OD、OC、TD、C&B、LD究竟是什么？

第一节 | OD、OC、TD、C&B、LD 的含义

OD、OC、TD、C&B、LD 在组织系统中互相协作，分工明细，共同促进组织整体、系统、高效地运作，那么，他们具体是怎么各司其职，实现组织发展的？

一、OD、OC、TD、C&B、LD 是什么？

OD，即组织发展（Organization Development）；OC，即组织文化（Organization Culture）；TD，即人才发展（Talent Development）；C&B，即薪酬福利（Compensation Benefit）；LD，即学习与发展（Learning Development）。

OD（组织发展）通过对组织进行设计、定义、对标、诊断、分析、组织变革、组织学习等有计划的干预，增强组织结构、进程、战略、人员和文化之间的一致性，提升组织竞争力，持续提升组织绩效，帮助组织提高效率和活力。

OC（组织文化）帮助企业塑造组织文化，建立公司长期发展的DNA，将组织文化产品进行体系化沉淀，打造文化特性和固化品牌形象，根据业务特点和人群特性策划组织大型文化项目，基于业务战略与人力资源策略搭建文化场景，给企业提供必要的且与业务相配套的文化产品及活动。

TD（人才发展）一般归入人才管理的范畴。人才管理的主要作用是帮助组织发挥长期优势，为组织持续提供关键人才，主要是指人才的选、育、用、留，但是这些工作一般会由相应模块的 HR 负责，而 TD 主要负责关键岗位的人才发展工作，具体包括胜任力模型搭建、任职资格体系建设、人才盘点、人才发展、继任者计划等内容。

LD（学习与发展）偏重于企业的学习及培训工作，与传统人力资源的培训板块相对应，重点工作包括培训体系的建设、员工的职业发展规划、学习型组织和文化的构建等。

C&B（薪酬福利）主导薪资调研，掌握及洞察发展趋势，合理化管理企业薪酬福利，提升企业竞争力；结合业务需求和外部趋势，设计企业薪资架构和制订绩效调薪方案，确保企业的竞争力和吸引力，以实现保留人才使其并符合业务发展的战略需要；设计年度人力成本管理方案，提供专业的解决方案，帮助 HRBP 做好人力成本管控工作，确保人力成本最优化。

二、OD、OC、TD 之间的关系

（一）京东·价值契约的钻石型组织

OD、OC、TD 之间的关系错综复杂（如图 1-1）。2017 年，京东提出建立价值契约的钻石型组织的想法。这个组织模型侧重于组织、人才和文化 3 个方面，体现了刘强东将组织转变为"积木式组织"的想法。

从文化角度来看，以独特的 DNA 创造企业文化、领导力文化和团队文化，并将具有共同价值观的人才吸引到一个平台上。

从人才层面来看，通过采用科学的评估方法和系统的培训方法，可以不断地加快培养、支持未来业务发展需要的人才。

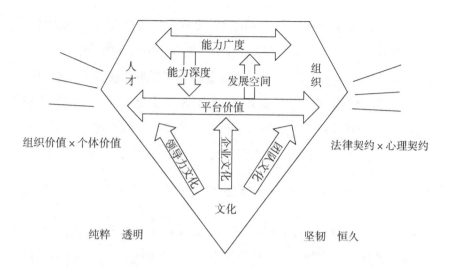

图1-1　京东·价值契约的钻石型组织

京东有自己独特的人才管理理念，坚持"七上八下"的原则（80%的管理人员都经过内部培训，候选人达到70%的准备度即可任用），并大胆地倡导任用新人，鼓励人才在内部健康"运动"。京东开发的智能人才管理系统可以在深度挖掘大数据的基础上进行人才预测分析和智能推荐，使人才资源"可见"。

从组织层面来看，京东前首席人力资源官及法律顾问隆雨说，组织应该更加透明，应建立科学、公平、公开的管理机制，督促每个人为同一个愿景而努力；组织应更加灵活，营造良好的氛围和机制，为青年人提供增长平台和自我发展的空间。

隆雨对未来12年京东人力资源管理提出了新的愿景，并提出了"京东人力资源管理的场外价值主张"：未来要赢，组织是第一；战略要实施，人才是第一；基业常青，文化是第一。

OTC对应OD、TD和OC。

从分工的角度来看，OD从组织的角度解决了公司的整体问题并促进公司内部各组织不断发展。然而，组织发展离不开对战略、商业、文化和人才的关注，即从战略角度理解环境的变化、从组织的角度构建组织文化、依靠人才登陆解决业务发展问题的策略。

从分工角度来看，OD 侧重于组织建设领域的组织诊断、组织设计和组织有效性；OC 专注于文化建设领域的文化诊断、文化澄清和文化发展；TD 专注于人才发展领域的人才规划、人才库存和人才发展。组织从这三个方面的实践实现组织持续、健康的发展。

（二）OD、OC 和 TD 在做什么？

艾德胜·沙因（Edgar H.Schein）曾说，所有组织，无论大小和类型，都面临两类问题：一是如何不断地适应瞬息万变的外部环境；二是如何在帮助组织适应外部的同时整合内部资源。从组织的角度来看，OD 解决了公司的整体问题，促进公司内部组织不断发展。通过解决这些问题，促使组织结构和组织任务得到协调，助力业务发展。

1.OD 的工作大致可分为两个部分

（1）组织定义和组织管理

OD 的首要任务是对公司内的组织进行分层、分类。例如，对于基于组的企业，有必要对子公司进行分层描述；对不同规模和处于不同发展阶段的下属组织（包括子公司，部门，地区等）进行分类，并确定其定义和分类标准。

在组织分层、分类和定义的基础上，OD 有必要设计、组织新活动，取消、合并、变更机制和流程，并规范组织管理。

（2）组织分析和组织诊断

组织开发部门应定期分析公司定义的组织，以判断每个组织是否处于良性发展。分析的数据包括组织绩效、组织规模、组织水平、人均效率、组织结构、过程信息等。

2.OC 工作可分为两部分

（1）打造组织 DNA

OC（组织文化）不仅可以帮助企业打造组织文化，而且可以帮助企业形成自己独具特色的 DNA。企业在着手 OC 工作时要打造文化特性和固化品牌形象。

（2）策划组织文化项目

根据业务特点和人群特性策划组织大型文化项目，基于业务战略与人力资源策略，搭建文化场景，给企业提供必要的与业务相配套的组织文化沉淀和文化产品及活动。

3.TD 主要的工作有三部分

（1）胜任力模型搭建 / 任职资格体系

胜任力模型中的组织战略分析遵循自上而下的法则，以战略为出发点，分析战略达成所需的组织能力，继而形成公司级通用胜任力。针对不同的职类和岗位，其所需的能力则要基于对组织能力的分解而形成。

任职资格体系需要关注职业发展通道是否能够满足企业战略对于人才的需要。

（2）人才盘点

人才盘点可传递企业核心价值观，匹配公司业务战略，树立正确的价值导向，提升企业员工效率，建设健康氛围。人才盘点可将公司的人力资源系统性地整合起来，使公司各岗位人员的胜任力与任职资格、绩效考核与能力评价形成一体。

（3）领导力培养

当通过人才盘点发现组织的人才结构、人才胜任水平之后，就可以对不同人才采取不同的培养手段。管理学者罗伯特·卡茨曾提出经典的管理者能力模型：管理者需要三方面的能力——技术能力、人际能力和概念能力。

　　人力资源管理的第一个抓手是文化，独特的文化沉淀可以凝聚组织和人才价值，人力资源管理的第二个抓手是人才，利用这个抓手可以帮助企业识别与培养实施战略、推动变革最适合的人才；人力资源管理的最后一个抓手是组织，我们可以从文化和人才入手，循序渐进！

第二节 | 集团 HR：开始转型的 COE

近几年，随着经济转型与互联网浪潮的冲击，各行业都面临着越发激烈的市场竞争，企业对传统 HR 向"业务的战略合作伙伴"转型的需求越来越迫切。在此背景下，由 HRBP（业务伙伴）、COE（专家中心）和 SSC（共享中心）构成的人力资源三支柱模型应运而生，成为 HR 部门转型突破的方向（如图 1-2）。

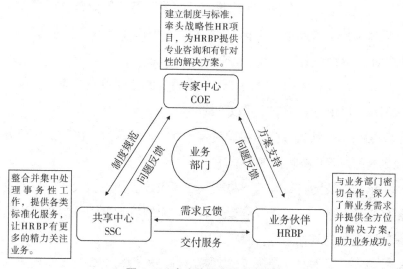

图 1-2　人力资源三支柱模型

如果公司被比作军团，那么 HRBP 就像一名特殊的士兵，解决前线的各种问题，帮助部队推进行动计划；SSC 就像一支后勤部队，提供高质量的物质保障，让士兵精力充沛；COE 则是一种炮兵，部署战略和大规模火力支援，以稳定整体局势。

笔者将结合个人实践，从支持策略、整合资源、建立系统、定义标准、强调文化和培养团队等方面谈谈 COE 如何为组织贡献价值。

一、COE：支持业务发展战略

在企业的发展过程中，COE 须敏锐地意识到业务发展的关键点，并设计有效的战略组合，以帮助公司实现其目标。

这里以 A 公司为例。年初，由于市场情况良好，A 公司决定提高销售额，以推进公司整体业务的发展。经过计算发现，要完成调整后的目标，就必须在 3 个月内增加近 100 个员工，岗位多为营销主管、经理和董事。

在同一时期，竞争对手也提高了自身目标，因此整个市场都在疯狂地寻找营销人才，竞争非常激烈。A 公司如果不采取特别行动，将很难完成战略所需的人才供应工作。

当时，该行业的招聘是基于猎头的，但速度很慢。为了克服这些困难，COE 就招聘制定了以下战略：

第一，鼓励猎头公司招聘营销人才。3 个月内，在营销岗位方向投放的招聘猎头将提高 2 个百分点，与对手齐平。

第二，鼓励猎头顾问招聘高级营销人才。如果猎头顾问招到营销经理 / 主管，那么就给猎头顾问 1 万元的特别奖励，这个特别奖励除了税收外其他不能扣除。

第三，向 HRBP 加压。每两周举行一次沟通会议，参与项目的 HRBP 将逐一向副总报告招聘工作的最新进展。

第四，调动内部资源。统一内部建议，并让总部人力资源部派人去区域公司，以解决招聘困难的问题，实现候选资源的跨地区共享。

通过以上策略，A公司有效激发了外部渠道和内部团队的战斗力，迅速获取人才，帮助企业抓住了营销和运输的时间窗口，为实现战略目标提供了保障。

二、COE：整合系统内外资源

在集团层面，COE不仅了解总体愿景，而且拥有最丰富的专业资源，因此有义务整合和协调资源，为一线HRBP提供有效的解决方案。

这里以B公司为例。B公司处于快速发展的阶段，正不断产生新的工作需求，每个HRBP都有大量的工作，但进展并不令人满意。

经过调查，B公司COE发现以下因素占用了HRBP的能量，导致其效率低下：

第一，重复的工作。大多数HRBP面临自己的事业部在做一些相同的事情，而很多工作是可以统筹交流的。

第二，低效的猎头管理。每个地区都独立与猎头合作，这导致HRBP须在选择供应商、签订合同、沟通协调和管理评估等方面花费过多的精力。

第三，琐碎的在职流程。HRBP还需要跟进复杂的在职流程，如通知候选人体检、询问行政安排站、督促制订教学计划并定期反馈候选人的入职进度。

为了系统地提高工作效率，B公司COE针对招聘工作制定了以下战略：

第一，在线共享系统。通过该系统，每个HRBP的方案都会被分享，让其他HRBP借鉴，既可以满足集团激励方案的相似性，也可以满足个性化的需求。

第二，统一猎头管理。与猎头的谈判、签约、培训、评估等工作将被纳入集团统一运营，子公司只需从签约的猎头库中选择一个良好的绩效顾问进行合作即可。

第三，介绍共享中心。优化后的所有后续流程都会移交给共享中心，HRBP 只需要在候选人的进入计划发生变化时进行干预。

通过上述策略，B 公司 HRBP 摆脱了烦琐的渠道和流程工作，将精力放在了需求沟通和绩效管理上，从而在不增加人力成本的前提下大大地提高了 B 公司的组织效率。

三、COE：完善规章制度

除了提供专业的解决方案外，COE 还需要关注人力资源的运营质量，改进系统和流程，并监督和指导 HRBP 在子公司的运营。

例如，COE 经常收到各种类型的投诉，如未按要求就通过系统接收简历，与猎头发生纠纷；未按要求进行背景调查，导致成功的候选人涉及简历造假，等等。这种情况的发生通常表明相关系统和流程存在漏洞，需要及时修复。

下面我们以猎头简历为例，解决方案如下：

第一，完善系统。合同中增加了"未通过系统交付的简历不予以认可"的条款，以防止离线操作，HR 必须使用系统接收、恢复。

第二，修改流程。简历将以照片的形式在系统中被查看，保证简历不能在系统中被处理、恢复。

第三，培训和推广。将举行人力资源和猎头的沟通会议，并就更新的系统和流程要求进行培训。

通过建立健全系统和流程，实现不同地区、不同背景的新老 HRBP 在相同的基本规则下运作，提高人力资源服务质量，帮助组织规避人为风险。

四、COE：确定人才判断标准

管理的核心是人才，确定人才的标准是 COE 的重要职责。什么样的人可以加入这个行列，什么样的人值得培训，什么样的人会有优秀的表现，这些都需要 COE 详细规划。

在建设早期阶段，COE 对社会招聘人才的标准缺乏统一的认识。通常集团和子公司的意见会不一致，业务和人力资源意见也会不一致。为此，我们要从招聘标准和人才标准着手，具体如下：

（一）制定 3 个招聘标准

为了建立人才判断的"共同语言"，我们从以下 3 个方面制定招聘标准。

一是基本背景。明确界定学历、工作年限、稳定性和专业经验等基础信息。例如，"稳定性"被定义为"具有超过三年的连续服务经验并且已被提升"，这便统一了稳定性。

二是一般质量。结合文化价值观和内部访谈结果，通过研究得出一般质量模型，并厘清行为标准和面试问题。例如，"追求卓越"包括侵略性、独创性和坚韧性三种特质。对"聪明才智"的描述是"对交付结果的质量和细节有很高的要求。"面试问题是"在您负责的项目中，哪个项目做得最好？您在哪些地方做得好？"

三是专业素质。与业务部门合作，开发各职位的专业素质模型。例如，设计岗位注重"设计精神、市场敏锐度和甲方能力"三项能力。

（二）建立相对完善的人才标准

在大型集团公司中，虽然难以实现人才判断的绝对一致性，但通过建立相对完善的标准，识别方法和评价语言可以在内部形成，这可以大大减少差异和矛盾，提高组织效率。

五、COE：登陆文化，倡导正确的工作方式

文化价值观是企业长远发展的保证，决定着企业及其员工的行为和工作方式。COE 要确保其发布的政策符合集团的文化价值观。例如，在招聘工作中，要对求职者的文化适应性进行检验。在员工进入企业之后，要不断培养员工的综合能力，进而促使员工的价值观与企业文化匹配。

除了企业层面的价值观，COE 还负责营造正确的"工作文化"。例如，当 COE 负责招聘模块时，特别强调了"平等和公平"的工作文化，要求 HRBP 以合作伙伴的态度对待供应商。那么在处理合作纠纷时，就要严格遵循制度、公平处理问题，以赢得信任和支持。

六、COE：培养团队以促进最佳实践的传播

一般来说，COE 对 HRBP 有专业控制权，没有直接评估权，但各种政策的落地往往需要 HRBP 的合作和支持。

这就要求 COE 必须具备扎实的专业基础，只有与专业紧密结合，COE 作出的决定才能令人信服。同时，COE 也要营造学习和竞争的氛围，激发 HRBP 参与的积极性。当 COE 负责文化模块时，可以每月召开一次职能沟通会议，邀请 HRBP 参与。会上，COE 要详细介绍最近的工作计划，并在会上表扬优秀的 HRBP，鼓励 HRBP 相互学习，相互分享实践经验。

除了分享实践经验外，公司还要定期公布招聘完成率、内部推荐率、猎头率等指标，并公开 HRBP 的最低排名。鼓励、促进内部竞争，提高整体绩效。

COE 和 HRBP 是相辅相成的。从表面上看，似乎 COE 有决策权，

但 COE 作决定时需要倾听 HRBP 的意见，项目需要 HRBP 去推进，许多实践经验也都来自 HRBP 的摸爬滚打。在 HRBP 的经验积累完成之后，COE 要结合公司战略对实践经验进行总结。

虽然 HRBP 经常认为 COE 多管闲事，但 HRBP 也需要 COE 提供专业的框架来解决业务难点；相应地，COE 同样需要 HRBP 协调相关资源来应对紧急的业务问题。因此，COE 和 HRBP 需要加强了解并相互支持。

第三节 ┃ COE 的价值方向：以价值要素驱动业务

COE 始终处于风口浪尖，解决企业中所有复杂的问题，但似乎许多 COE 以外的人认为，他们比 COE 更有能力，能够更好地解决复杂问题。每个 COE 似乎都了解人力资源管理，但事实是，并非所有的 COE 都能厘清企业的具体业务流程。许多大型外国公司选择 HRBP 时，通常会更多地从业务部门选择自有人员，并通过一系列培训让其尽快获得 HRBP 工作资格，从而改变人力资源业务合作伙伴的角色。这种现象致使许多 HR 感到害怕和尴尬。

一、COE：有深度且追求业务的有效性

在薪酬改革半年审查期间，某集团董事长要求人力资源部门进行薪资满意度调查。调查结果使人力资源总监感到尴尬，使董事长愤怒：改革前满意度为 56%，改革后满意度为 43%，下降了 13%。HR 总监此前发现，该集团公司没有良好的薪酬体系。因此，他提出了人力资源补偿模块，并且向公司请求了近 3200 万元的工资成本来完成工资调整，结果却令人不满意。

一直从事管理咨询的总经理一再表示，所有流程都是完美的。从工作确认、工作评估到薪资设计，以及通过资格标准进入各自渠道和工资单的人员，没有任何一个环节是有错误的。大多数人都有

加薪，但满意度却没有增加，问题究竟出现在哪里？

太多的企业 COE 为了追求专业完美而忽视了业务的有效性。就薪酬设计而言，公司越大，就越简单。国有企业的工资理念主张内部公平，地位和职称制度严格；过去，诺基亚等北欧企业则反映了北欧国家的薪酬设计特点，即平等主义，更加注重内部公平。

二、HRBP ≠ 业务合作伙伴

在过去几年中，许多企业的人力资源部门表面上已经完成了由人事管理向三大支柱的转变：从薪酬部门、绩效部门、员工关系部门、培训部门等改头换面成为 COE 部门、SSC 部门和 HRBP 部门。也更改了内部流程，如实施培训、COE 发布培训计划、HRBP 监督实施、以 COE 反映专家地位，培训课程结合领导力发展理论与实践，设计无缝，环网同时，课程系统通过线上和线下完成，节点清晰明了。在两个月内，所有课程都按时完成，高管们对此表示高度赞赏。年终总结也很"闪亮"。

这种看似热闹的情况实际上是在浪费组织，我们称之为"专业深井"——当挖井水时，忘记了头顶上方的蓝天，眼界变得越来越小。

为什么整个行业都在讨论"人力资源部门的开发"或"人力资源部门的分裂"？因为人力资源部门拥有公司最宝贵的人力资源，却陷入了人力资源的"深井"。支持业务战略的功能使 HRBP 成为业务支持点，但 HRBP 有时也会产生负面影响。例如，在绩效管理方面，HRBP 一直给每个人设置个人绩效指标，团队成员就会因自己的利益而放弃合作。

三、人力资源业务是什么？

在迈克尔·波特（Michael E. Porter）提出的价值链中，人力资源部门位于业务支持链接中，不属于主要值创建链接。在整个价值分析过程中，人力资源一直具有的也是价值支持功能。因此，许多高端的 COE 致力于提升价值，建立利润中心。从最初的人才招聘到产品化和标准化的咨询，各种业务模块越来越市场化，并对其进行整体包装。

事实上，这与上面提到的一般薪酬改革相同，也是一种利润获利。COE 业务面临两个主要问题：一是 COE 客户的关心点，二是如何判断 COE 业务的产品或服务的价值和性质。

问题回到价值水平。对 COE 业务价值要素的分析可以借鉴马斯洛的需求层次理论：哪种价值要素适合企业？ COE 的业务方向是什么？马斯洛金字塔的底层需求是生理需求和安全需求，最高层是自实现需求，通常认为，在满足高层需求之前，要满足底层需求。但马斯洛本人认为，同时存在多种需求，可以同时满足。例如，那些极限挑战者，他们的个人安全需求并没有被保护到极限。

四、人力资源业务 = 价值要素实现

谷歌（Google）的 PO 部门（相当于人力资源部门）研究如何节省在办公室安装幻灯片的时间；桌与桌之间什么样的距离可以容纳更多人；什么样的娱乐设置可以激发灵感和创造力……许多人认为，这不是普通意义上的人力资源部门的工作，而是基于价值要素的工作。许多国内公司已经开始认为，环境对营业额的影响越来越大，COE 也在通过改善办公环境获得更多的候选人，环境已成为价值要素的重要元素。事实上，在其他因素上施加力量也可以获得更多的人力资源。

图 1-3 中的元素是一些比较常见的价值要素。公司提供的价值要素越多，员工的忠诚度越高，营业收入也越高。例如，亚马

逊的价值要素设计就远超同行，专注于信息和质量，不仅降低成本，还节省了人力和时间，并在类似的电商公司中获得了优势。

对COE来说，价值是抽象的，但是价值要素更具体。要将提高价值作为工作起点，使价值要素在价值实现中发挥重要作用。基于传统六大模块的升级与优化，是COE的专业体现，是标准与规范的代名词，但是基于价值要素的整合提升，才是COE业务的价值方向。

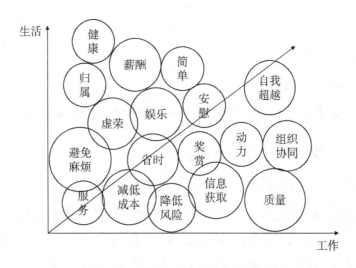

图1-3　影响人力资源的价值因素

第四节 ┃【案例】腾讯的 COE，十年磨一剑

腾讯 COE 由人力资源部、腾讯学院、薪酬福利部、企业文化与员工关系部组成，而各部门又设有多个分支机构和子部门。同时，COE 在企业中只是一个统称，不同部门、不同职位的 COE 名称也不同。

一、腾讯的 COE 架构

作为与公司战略联系最紧密的人力资源部门，COE 采取何种组织结构与何种功能模块至关重要。COE 与传统人力资源的战略属性和研究属性有何不同？在腾讯，COE 是第一个成立的人力资源支柱。经过 8 年的探索和转型，腾讯 COE 将文化和培训功能定位为组织活力和精英士兵等组织和人才的战略定位。组织战略的落地，使腾讯的许多人力资源实践探索在全球得到认可。

在腾讯的组织架构中，C 招聘是指 COE 的招聘功能，COD 是指 COE 的组织发展功能，而 CER 是指 COE 的雇员关系功能，其结构如图 1–4 所示。

腾讯 COE 中有一个部门是人力资源部，这有点令人困惑。在许多企业中，人力资源部涵盖了人力资源管理的所有职能工作，而腾讯的人力资源部只是 COE 的一个部门。从公司历史来看，腾讯最先拥有人力资源部，人力资源部门根据传统职能分为 6 个模块。人力

资源三支柱实施后，几乎所有其他新的人力资源管理部门都从这个人力资源部门孵化出来，这些部门相当于从人力资源部门这一母公司剥离，但招聘和组织发展职能得到了保留。人力资源部由招聘调配中心（C招聘），组织发展中心（COD）和活力实验室3部分组成。薪酬福利部包括长期激励管理小组、福利管理中心、员工薪酬中心、综合薪酬福利小组和绩效管理组。腾讯学院包括领导力发展中心、职业发展中心和培训运营中心。企业文化与员工关系部包括劳动关系组、沟通传播组和组织氛围组。当然，这种结构仍在动态变化中。

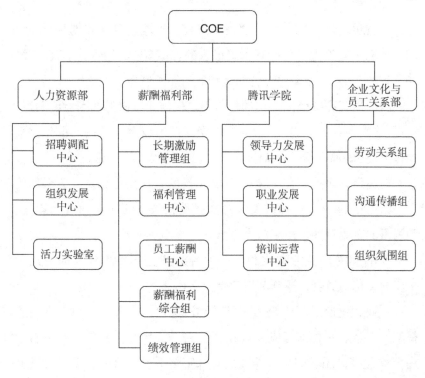

图1-4　腾讯COE架构

　　总之，这些职能部门掌握具有前瞻性的实践经验，利用该领域的深厚专业知识，设计面向业务，创新人力资源管理政策、流程和解决方案，并为 HRBP 提供定制化的业务人力资源解决方案。在腾讯，没有一个名为 COE 的实体部门，它由人力资源管理功能的虚线组成，是几个功能的集合，肩负着人力资源各项职能的政策制定和专业研究任务。

二、获得高度认同的价值观

腾讯最重要的文化产品是 QQ，进入腾讯，人们就似乎来到了企鹅的世界。此外，腾讯还有很多绿色植物和锦旗，也有丰富多彩的墙面配色和宽松的工位。

在腾讯，员工的共同价值观是正直、进取、合作和创新。腾讯用 4 种动物形象生动地诠释了腾讯人的价值观：长颈鹿（正直）、海燕（进取）、犀牛与犀牛（合作）和鹦鹉螺（创新）。

腾讯员工高度赞同公司的价值观。根据腾讯内部的满意度调查，"认同公司价值观"这一指标在 41 个指标中满意度最高，得分比平均得分高 22.9%，高于"福利"和"公司前景"等指标。

在腾讯，企业文化主要由 COE 下设的企业文化和员工关系部负责。COE 的企业文化和员工关系部凭借其独特的功能和员工关怀，为腾讯的企业氛围作出了巨大贡献。

腾讯 COE 的企业文化和员工关系部成立于 2008 年，前身是一个企业文化委员会，逐渐演变为企业文化部。

企业文化部的诞生是为了打造腾讯文化，在人力资源三支柱的框架下，企业文化部门成为 COE 的一部分，由一个宣传平台小组和一个综合项目团队组成。企业文化部宣传平台小组的主要职责是负责腾讯内部杂志《腾讯月刊》，此外还经营着腾讯的电子杂志《腾飞》和《腾讯人人》；综合项目团队的职责涉及文化基础设施和平台管理、腾讯志愿者以及其他基于项目的文化建设工作。

腾讯引入人力资源三支柱模式后，企业文化部门重新回到 COE。

今天的企业文化和员工关系部门成立于 2013 年，由企业文化部和员工关系中心合并而成。为什么要将企业文化和员工关系这两个功能结合起来？这就必须提到员工关系中心的结构和功能。

员工关系中心是 COE 人力资源部的一部分，有如下职能：组织氛围、劳动关系。

组织氛围职能：（1）搭建员工沟通系统、员工与领导沟通系统及总经理办公室（以下简称办公室）沟通平台；（2）主要信息发布机制；（3）荣誉奖励制度；（4）员工关怀；（5）礼品 / 咨询管理。

劳动关系职能：（1）劳动关系制度；（2）就业实践、分离管理、学科管理和户籍管理；（3）连接 HR 热线及其他功能。

可以看出，员工关系中心与办公室、员工沟通、信息发布平台和企业文化功能有很多共性，2013 年，腾讯 COE 企业文化部和隶属于 COE 人力资源部的员工关系中心融合成了企业文化与员工关系部。

COE 企业文化与员工关系部门在腾讯的整个文化意识形态中扮演着"大脑"的角色，它是一个有知识的大脑、一个可以研究的大脑、一个思考问题的大脑。当前的"大脑"主要承担着组织活力战略任务，重点是实施战略，比如加强员工专业化程度、加强沟通。COE 企业文化和员工关系部门还充当着"顾问"。例如，在公司层面规划大型文化活动，促进、影响和创造公司文化的文化，诊断、分析和改进文化价值。

三、基于文化的人力资源管理

在人力资源管理方面，最好的做法不是基于政策系统做管理，而是基于文化做管理。在腾讯，有很多年轻员工，尤其是 80 后和 90 后。除提供平台外，腾讯的主要管理方法是基于文化的管理——腾讯创建了阳光、瑞雪、荣誉等具有专业竞争力的文化品牌活动；员工参与文化活动的规划和发展，拥有文化和所有权。腾讯文化还经历过从家庭文化向专业竞争文化转变的过程，COE 企业文化和员工关系部在这一变革中起了带头作用。

（一）强调家庭文化的员工文化

对于新员工，腾讯此前一直重视将福利和待遇工作落实到位。例如，在福利发放方面，考虑到员工满意度，一直致力于使福利发挥更好的作用；在活动方面，通过以员工为导向的活动来改善员工对活动的满意度，从而进一步提高其归属感。

过去，腾讯文化强调家庭文化，大领导就像父母一样，要照顾员工的各个方面。COE 企业文化和员工关系部经常要到总经理办公室做汇报。在与总经理办公室领导的定期沟通中，COE 体会到，大领导们倾向于平衡员工沟通的方式，他们希望员工在与领导者沟通时表现得像在家一样，状态是自然的。

在这种文化的影响下，腾讯的福利体系也非常完善。比如公位上随处可见的 QQ 公仔和通过加班获得的免费夜间优惠券，关怀可谓无微不至。

公司不同，文化价值观也不同。因为腾讯是一家以产品为导向的公司，所以 COE 企业文化和员工关系部的政策和文化活动还会提前研究用户，将员工视为用户并关注员工的体验，这给公司内外部都留下了良好的印象。

随着公司的成长和发展，家庭文化逐渐出现问题：由于招聘强调福利、良好的待遇，导致吸引的员工也特别关注福利待遇。在工作中，人力资源和行政部门会尽可能地满足员工的所有需求，也使得员工对福利和待遇的需求不断增加。

为了更好地促进公司的发展，腾讯人力资源管理部门制定了文化变革的战略目标，COE企业文化和员工关系部负责战略目标并设计目标实施计划。文化的立足点是员工的思维习惯和行为习惯。为了让员工感受到企业应该承担的责任和角色，以及对公司贡献的态度，腾讯COE企业文化和员工关系部也做了很多专业竞争文化登陆的尝试。

腾讯企业文化和员工关系部副总监张铁军认为，企业首先必须让员工了解自己的职责和责任，并认识到企业不是享受的地方。

（二）激发创造力的绩效

在绩效方面，只有给员工施加适当的压力并让业务部门承担必要的义务，才能使产品彻底冲破土壤层、钻出嫩苗。在苹果和谷歌的应用程序商店中，只有排名前50位的应用程序才能赚钱，排在前10名才可以赚大钱，而进入排行榜前列的唯一方法就是使产品成为终极产品。在腾讯互动娱乐集团，游戏工作室之间存在巨大的排名竞争，如产品性能排名和员工绩效排名。在这种压力的驱使下，员工将尽一切努力制造产品，以实现更好的排名；在同行之间的竞争方面，在腾讯实施其发展战略后，内部产品应该与外部产品公平竞争，并且由于他们拥有企鹅的标签，他们不会获得更多的资源和支持。这就是腾讯为什么通过内部团队竞争不断激发他们的创造力，因为只有这样，才能赢得外部和竞争产品之间的战争。

（三）"梦想的力量"招聘策略

在招聘策略方面，腾讯校园招聘的宣传方向发生了重大变化。在过去，公司会把家庭文化告知学生，如良好的福利和良好的待遇；而现在进行校园招聘时，腾讯首先要告诉候选人的是，公司想要招募有梦想的实力派员工；学校招聘推广的内容也开始谈论腾讯集团的业务发展，以及各业务集团在行业中的领先地位，并倡导利用业务吸引人才。腾讯COE企业文化和员工关系部主任陆文卓认为，公司的文化取决于公司的公告、小册子、故事和选择什么样的人物。腾讯的"梦想之力"意味着：只要你的实力足够好，腾讯就一定能帮你实现。

（四）基于预期管理的员工福利

在福利方面，人力资源部和行政部过去常常在内部竞争——一方对福利有一个好主意，另一方还要做得更好，两个部门都在不遗余力地提高员工满意度。然而，这样一味地满足员工的各种需求，却导致了员工对福利和待遇的需求不断增加。

赫茨伯格提出过"双因素"理论。双因素是指激励因素和医疗保健因素，他认为，医疗保健因素做得不好，员工不会满意；医疗保健因素做得好，员工也不会满意。腾讯的原始家庭文化强调福利，福利是健康（医疗保健）因素。因此，公司做得再多，员工也不会满意。

一些换工作的员工不满意他们在腾讯工作期间的公司福利，但当他们进入其他公司时，才发现腾讯有多好，并且他们对新工作非常不适应。此外，过高的福利也会对员工的职业发展产生影响。腾讯的文化变革就是要消除员工对公司的依赖性，并强调专业文化。

腾讯企业文化正在逐步从家庭文化向专业竞争文化转变，减少家庭文化对腾讯发展的影响。正是这种无处不在的专业竞争文化让腾讯更加具有创造力，取得了更多意想不到的成果。

腾讯人力资源管理部门提出了提升组织活力的战略目标，其中一个重要的方面就是加强沟通，而在一个拥有超过3万名员工的公司中，如何有效地转变和准确地解释公司的战略和部门业务是一个关键问题。

四、基于用户价值的战略解读

腾讯 COE 企业文化与员工关系总监陆文卓表示："COE 企业文化与员工关系部门的一个重要工作是告诉员工腾讯的战略是如何解读的。"

（一）三级通信系统结构

COE 企业文化和员工关系部负责人力资源管理战略、制定部门战略、加强沟通、增强员工对公司的信任和认可。在战略规划阶段，COE 在仔细分析用户价值的基础上，实施了三级密集通信系统结构。

第一，通过与高层交流的有效活动和深度思考，使员工充分了解公司的战略和管理意图。

第二，通过与中层就部门业务和战略进行沟通，员工能够充分了解信息、识别决策、了解业务方向。

第三，通过营造透明的氛围、运营沟通平台，使员工敢于说话、使员工的声音能够得到有效传递，并及时得到反馈和帮助，以此增强员工的参与感和主人翁意识。

（二）员工能解决战略着陆问题

除建立通信系统外，COE 企业文化和员工关系部门还必须能够识别出战略着陆过程中可能出现的问题并解决问题。

光说不练不行，但光练习，不说也不行。在公众眼中，腾讯一直在埋头努力工作。与阿里巴巴的马云和华为的任正非相比，腾讯的马化腾很少公开表达自己的想法。卢文卓认为，公司及其领导者的低调使每个人都非常务实，他们可以很好地完成工作而不必谈论其他。在 COE 建立了 3 层沟通系统之后，高管们每个月都要与员工分享，马化腾做了一年不愿意继续了。他想，战略是非常明确的，不用每个月都谈论它。与此同时，新一轮的员工满意度结果也使人大跌眼镜：COE 确实为高管提供了与员工沟通的平台，但员工满意度不但没有提高，反倒略有下降。

COE 企业文化和员工关系部对这个问题进行了研究。他们发现了几个现象：（1）老板不愿意重复它；（2）员工向马化腾提出的问题基本上如下：领导如何看待业务？或者产品是否已经售罄？另外，COE 还发现，高管讲的都是很高大上的内容，与基层员工的认知跨度较大——老板不停地讲公司战略方向的时候，其实对于一些与战略衔接紧密的部门及员工来说，他们是很开心的，但对于那些远离战略的员工来说，听完后他们会非常伤心，甚至有些负面情绪，有逐渐被公司边缘化的负面感受。

对此，COE 采取的解决方案是，要老板一年一次或两次出来与员工进行沟通。为了应对员工的困惑，张铁军认为，每个业务部门的领导都应该关注业务层面，并与各自业务部门的员工进行沟通；每个业务部门的领导者都应该能够了解业务部门的产品战略，并利用自己的梦想来激励员工。因为真正触动一个员工的人通常是与他直接有关系的人。老板谈论的是公司的大梦想，而员工最多可以认识到，公司可以来或来对地方了。

然而有时，业务部门的领导层只有 1.0 版本的战略愿景，并且不知道如何谈论它。当 COE 发现问题时，就会以项目的形式承担向每个业务部门的领导者赋能的责任，指导和推动中层管理干部厘清业务战略，向员工展示和解释业务战略。

COE 企业文化和员工关系部发现员工的积极参与会带来意想不到的收获——员工可以通过参与热点问题和关键问题的讨论，确保其信息与公司业务同步。

（三）营造透明的氛围是关键点

腾讯 COE 认为，问题的关键在于营造透明的氛围。当员工觉得公司拥有良好的沟通氛围、透明的信息，并能快速相互理解时，他们便愿意多沟通。COE 企业文化和员工关系部运营着乐问、BBS 等一些非常著名的员工沟通平台。开放和透明反映在这样一个原则上：只要你不说违背法律或国家政策的内容，平台的运营者就永远不会删除它。

该平台时常会弹出非常热门的帖子。比如前一段时间一位员工吐槽腾讯的财付通（Tenpay），他表达了自己的一系列非常糟糕的体验以及情绪。他说，财付通的产品体验太糟糕了。帖子发出后，很多员工都在讨论这个产品的问题。在这位同事指出问题后，马化腾回复了那个帖子，他说："财付通非常糟糕。"那时，大家给马化腾回复消息：老板真的活跃在这个论坛上。更有价值的是，在这里抛出的问题总会引起相关负责人的注意，并以最快的速度解决相应的问题和漏洞。

这些沟通平台让员工发言并讨论公司的战略，也允许员工在平台上吐槽，以减轻他们对个人成长或情感生活的压力。由于 COE 的核心任务是让员工得到及时的反馈和帮助，为此，他们专门邀请有经验的人帮助回答问题，并试图让高层管理人员和企业领导者关注员工普遍关注的问题。

互联网公司的产品和服务必须具有"有趣"的属性，员工才会高度参与。在选择沟通渠道时，COE 企业文化和员工关系部门也要充分考虑这个特点，这就要求 COE 紧跟潮流，不断占据新的渠道，以达到员工积极参与沟通的目的。比如，最近直播非常热，COE 就研究直播，并选择员工特别关注的成长主题、婚姻和爱情问题、职业发展问题和业务问题，然后邀请相关人员以聊天的形式与他们讨论，员工也可以通过在线或离线互动来参与。

五、腾讯人才储备"飞龙计划"

腾讯正处于业务快速发展时期，需要在各个业务领域拥有一批储备领导者，因为人才储备决定公司的未来发展。

（一）COE 腾讯学院设计了"飞龙计划"

COE 的腾讯学院分为领导力发展中心、职业发展中心、培训运营中心等部分，为腾讯提供课程和培训支持，如职业规划和领导力培养。COE 腾讯学院的培训发展大楼，如图 1-5 所示。

腾讯培训发展大楼为不同级别的员工提供了选择性培训，还有自己的基层、中层、高级干部备份培训计划。中层干部储备计划被称为"飞龙计划"，从发展的角度出发（组织他们走出去与业内最好的公司进行沟通），进行实践（在战略、产品和管理方面为公司提出最重要的问题），并为这些人配备优秀的教练，每个项目将定期报告，上层领导将参加报告会。基层干部储备计划被称为"潜龙计划"，高级后备干部也有专门的培训计划。每年年底，公司将对所有干部进行盘点，并根据情况制订改进计划。

（二）新攀登计划

此外，腾讯学院还推出了"新攀登计划"，这是一个由专业技术人员推广专家的备份培训计划，还有产品领导力培训计划。此外，从"小白鲨"到"登山计划"中的腾讯大师，再到"玉龙""隐龙"和"飞龙"，腾讯学院为腾讯人提供了近 300 门面授通用课程和专业能力课程，内容涵盖工作场所各个阶段能力的专业能力课程。

（三）"飞龙计划"课程体系

回到"飞龙计划"，"飞龙计划"有一个严谨的课程体系，每六个月循环一次。

首先，核心环节是三级模块学习，学习模块主要基于面对面课程和沙龙共享。

其次，为了实现核心联系，腾讯学院采用了行业领先的培训和效能评估表，如行动学习、评估中心和产品体验。腾讯拥有良好的学习氛围，在"飞龙计划"完成后，他们还将举行大型毕业典礼，深化学业、建立飞龙校友关系。

最后，COE 腾讯学院飞龙项目团队将重新整合，并与相关业务部门一起，总结目标和培训结果、优化下一阶段的"飞龙计划"。

经过 10 年的磨砺和沉淀，"飞龙计划"建立了一支由国际专家和商学院组成的团队，并有拥有国际视野的人才培养体系——培训行业中最具影响力的组织人才发展协会 ATD（Association for talent development）每年会选择培训行业的相关项目。其中，"优秀实践"被称为国际培训行业的"奥斯卡"，在行业中非常有价值。2015 年，ATD 将年度"卓越实践"授予 COE 腾讯学院的"飞龙计划"。

据另一项数据显示，"飞龙计划"迄今已培养了 300 多名核心管理干部。它是推广干部的先决条件，公司 70% 以上的中层管理人员都是飞龙校友。COE 为公司提供了快速发展的条件和充足的人才储备。腾讯 HR 三支柱承接公司业务发展战略，提出了"保持人才攻防的绝对优势"和"提升组织活力"的人力资源举措。COE 腾讯学院通过绘制部门的战略地图与平衡计分卡，对人力资源战略进行分解，强调通过干部管理能力的提升、强化后备领军人才的能力准备度、提升干部管理的有效性，培养和造就一支有主人翁意识的干部团队。

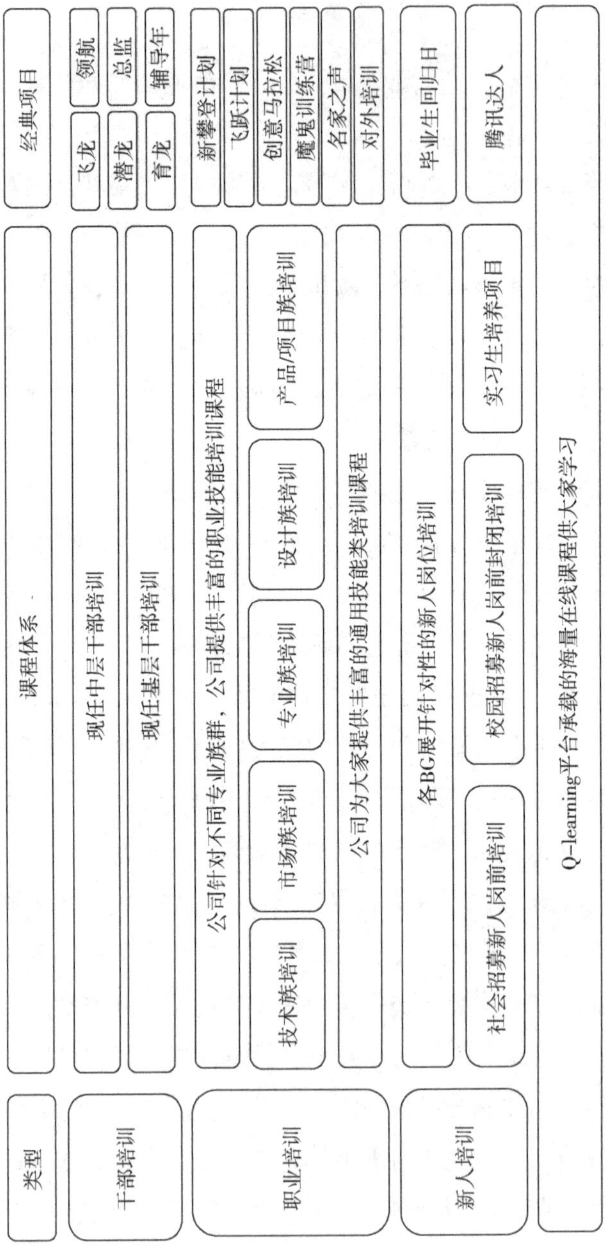

类型	课程体系		经典项目
干部培训	现任中层干部培训		领航 总监 辅导年
			飞龙
	现任基层干部培训		潜龙 育龙
职业培训	公司针对不同专业族群，公司提供丰富的职业技能培训课程	产品/项目族培训	新攀登计划 飞跃计划
	技术族培训　市场族培训　专业族培训　设计族培训		创意马拉松 魔鬼训练营 名家之声 对外培训
	公司为大家提供丰富的通用技能类培训课程		
新人培训	各BG展开针对性的新人岗位培训	实习生培养项目	毕业生回归日
	社会招募新人岗前培训　校园招募新人岗前封闭培训		腾讯达人
	Q-learning平台承载的海量在线课程供大家学习		

图1-5　COE 腾讯学院的培训发展大楼

（四）"飞龙计划"中的产品体验

"飞龙计划"中的产品体验链接"产品PK竞赛"是第三次集中研究的重要组成部分。COE腾讯学院设计的这一设计具有实用性，可以协助业务部门的产品迭代优化策略。

COE腾讯学院在选择产品时考虑了三个主要的商业策略：第一，选择代表公司未来业务方向的产品类型。例如，过去两年中更重要的是手机游戏产品和安全产品。第二，作为商业专家，所选产品也可以是具有较强专业性、声誉和质量的产品，通常具有较高的产品价值。第三，所选产品是市场上最好的。

腾讯学员体验完产品后，需要输出有改进建议的报告，分析产品的定位、优点与不足，并进行有竞争力的产品分析，最终给出产品的优化建议。

在"产品PK赛"的报道部分，腾讯学院会邀请第一个体验产品负责人来到现场，听取有价值的建议、吸收有价值的信息，并对分析中指出的不足给出反馈。与此同时，产品所有者也会提出自己的困扰，然后再次集体讨论并提出具体的解决方案。每年，在这个环节结束后，腾讯学院都会回访产品经理。大多数产品所有者非常欣赏这种学习方式，他们也非常感谢学员对产品提出的众多中肯的优化建议。

总经理希望通过"飞龙计划"让学员有更多的机会接触到高层，从而对战略有更深入的了解和思考。在每个项目开始时，项目团队都会安排"总办面对面"环节，允许高层与学员进行约2小时的沟通。

现场会出现许多尖锐的问题，例如学员会提问：我不是太了解这个决定，总经理是不是没有考虑可能出现的问题？能不能请您为我们讲解这样决策的原因？通过这样的对话，能让学员真正理解战略决策背后的思考，而不是纠结于个人业务层面的问题。此外，在行动学习环节，与研究相关的高管也会介入，并与学员进行深入探讨和沟通。

COE 腾讯学院在"飞龙计划"的课程设计中始终以目标为导向，它的设计和计划很明确，就是提高每个环节中领先人才的能力。

"飞龙计划"第一次集中模块的学习的目标是帮助学员充分了解自己，改善战略决策、前瞻性愿景和提高商业意识。第二个集中模块的学习旨在深化团队管理和变革管理能力。第三个集中模块的学习旨在扩大学员视野。

"飞龙计划"电子商务战的计算机模拟则旨在吸收和沉淀市场营销、用户分析、商业决策和财务方面的知识；"飞龙计划"的行动学习环节旨在改善学员的跨境思维、前瞻性分析和解决领先人才的复杂问题；"飞龙计划"的沙龙分析部分旨在提高学员的风险管理意识和危机应对技能。

（五）"飞龙计划"评估方法

以第一个集中模块学习为例，"飞龙计划"评估中心采用将公文包模拟、团队会议和下属辅导三种测评工具相结合的方式，快速在综合管理、战略决策和前瞻思维等方面作出诊断。

为了贴合腾讯自身偏前瞻性、软硬件组合的业务性质，"飞龙计划"还利用高科技企业的背景案例，对公司进行非常详细的描述，并将员工放置在尽可能真实的模拟企业中。该公司描述包括有关公司规模、运营、文化价值、核心业务、行业地位、主要竞争对手，以及每个细分市场的业务数据和分析的详细信息。在阅读背景资料后，学员将迎来"公文包模拟、团队会议和下属辅导能力"任务。

第一项任务是公文包模拟，主要模拟日常管理决策的场景。它需要学员阅读 10 封电子邮件并在 2 小时内解决问题，电子邮件中描述的场景涵盖了团队与人才、跨部门合作、供应商、商机等常见业务问题。

第二项任务是团队会议。4 到 5 个同级别人员，在阅读更为详细的业务核心数据后，需要制定公司未来 3 年的战略目标和明年最重要的工作。每个人都需要表达自己的观点，然后进入团队讨论阶段，最后找到适合公司未来发展的战略目标和优先事项。

第三项任务是下属辅导能力，侧重于考察学员的下属辅导能力。在这个环节中，作为一名新任命的经理，学员会收到很多关于下属不同方面问题的反馈和投诉，包括跨团队合作和团队管理的下属。学员需要用 45 分钟的沟通帮助下属识别他们的问题并找到解决当前挑战的方法。

特别值得一提的是，"飞龙计划"的评估中心已完全内化。COE 腾讯学院不仅培养了一批内部评估员、演员和员工，还实现了评估报告的内部编写——这是企业内部的咨询程序提供商。这些由内部中层管理人员和专家组成的评估团队更加了解腾讯的工作方式、管理风格和业务挑战，因此反馈和评估报告更有针对性，适用于未来的工作和发展。

如果 COE 希望提高培训效率并为组织创造价值，那么深厚的专业基础至关重要。COE 腾讯学院的人才在精通人力资源基础知识的同时，还能积极探索催化训练效果的前沿理论。

COE 腾讯学院在当前培训领域的最前沿引入了行动学习、领导力培训和其他方法。"飞龙计划"至少每两周进行一次行动研究，每个小组将开发自己的研究、完成课后作业，并最终输出完整的解决方案。在行动学习过程中，COE 腾讯学院结合领导力培训技能，为行动学习小组建立了"行动学习指导团队"。该团队有三个不同的角色：赞助商、战略家、团队教练。赞助商：该团队与和研究主题最相关的高管一起研究背景，并就公司价值和研究方向进行沟通，促进行动学习计划。战略家：通常是战略发展部门的专家，该团队需要知道该领域的当前状态、参与者、挑战和机会，以确保在研究领域提供合理的解决方案。团队教练：这个角色表示该团队强调的不仅仅是结果，也强调过程；COE 腾讯学院还有一名高级人力资源同事作为每个团队的团队教练，他的工作是为学员提供准确的行动学习工具，并掌握行动学习的氛围和节奏，保证学习处于"促进"的状态。

由于"飞龙计划"适用于各个业务领域的管理人员，他们面临的管理问题不仅是人力资源管理问题，还包括管理、竞争战略、组织文化、组织结构及营销等问题的分析，因此 COE 腾讯学院的人才也掌握经济管理的一般知识，以设计更适合客户的培训场景和材料。

为了提升培训经验和培训效果，腾讯的"飞龙计划"不断进行创新。无论是与增强现实（Augmented Reality，简称 AR）、虚拟现实（Virtual Reality，简称 VR）技术相结合，还是跨界引入体育活动，都体现了 COE 腾讯学院对设计思维的重视。通过引入体育学习活动，如棒球和橄榄球，腾讯学院希望团队能够密切合作。此外，通过活动也可以反映学员在日常工作中的缺点并优化思维。体验式学习不仅可以促进学员间的相互理解和团队合作，还可以让学员"自然地"了解自己的不足和变化。

ORGANIZATION DEVELOPMENT OF FACTOR

第二章　OD：系统性思考企业资源

　　企业管理者若能够不断系统地思考企业的发展，面对市场变化、行情起伏、时间推移、地域差异时，就仍能推进企业继续向前发展。OD 作为企业发展的"排头兵"，需要经常不断地对组织现状进行调查、分析、判断，这样就可以及时发现薄弱环节、解决存在的问题，从而提高管理水平和应变能力。当下，一些"独角兽"企业，如阿里巴巴、腾讯、京东等非常注重自身的组织发展工作，让其庞大的组织健康、持续地发展。

第一节 | OD 概论

一、OD 的溯源和含义

OD 可以追溯到 20 世纪 50 年代。在当时，传统的工业心理学已经无法完整地解释组织的复杂运作，个体心理学的研究也很难解决组织面临的工业和生产问题。各行各业的管理者向社会心理学者、商学院研究者寻求帮助，以求更好地了解自己的组织，更好地提升组织运营和组织绩效。

这些关于个体和系统的咨询中包含了大量的实践知识，一方面拓宽了大家的视野，帮助大家更了解组织和团队是如何运作的，同时也将当时的理论和实践联系起来，推动了组织的发展。这就是 OD 诞生的背景。

OD 这个术语究竟是谁最先提出来的，已经无从知晓，较为明确的是下面两个事件：

1959 年道格·麦克格雷戈和理查德·贝克哈德启动了通用磨坊公司整个公司的文化变革项目，被称为"自下而上的管理"。道格·麦克格雷戈和理查德·贝克哈德将从这个项目记录下来的论文题目定为《组织发展》，意指整个系统的改变。

同年，赫伯特·谢帕德和罗伯特·布莱克在埃索石油公司进行了一个名为"管理矩阵"的文化变革项目，数以百计的经理和主管参加了这个项目。他们将所做的工作称为"组织发展",因为关注点在于系统整体的文化改变,目标是让组织健康发展。除道格·麦克格雷戈和理查德·贝克哈德外,"组织发展"的关键创始人还有罗恩·利比特、伦西斯·莱克特、克里斯·阿吉里斯、鲍勃·坦南勃姆等。

库尔特·勒温和埃德加·沙因为 OD 的发展提供了最核心的理论基础——行动研究理论、团队理论和变革理论。勒温也被评价为应用行为科学、行动研究和计划性变革之父。勒温和他的研究生们开创的一种小型、非结构化的团队实验式培训叫 T-Group,参与者可以从他们自身的行为和团队的动态演化中进行学习。实验式的体验旨在让个体清晰地观察到人际动力是如何演化的,以及团体在个人发展和自我意识的增强方面所发挥的重要作用。T-Group 后来被引入企业中,在早期的企业应用中推动了系统化培训和领导力的发展,使其成为建立高效工作环境的关键介入手段。

埃德加·沙因是麻省理工斯隆管理学院教授,在 OD 领域的多个方面都取得了显著的成就,包括职业发展、团体过程咨询和组织文化。他提出了"职业锚"的概念,引领组织将无条件激励与组织的方式结合起来管理员工的职业架构。同时,他也被认为是第一个提出"企业文化"的人。

可见,OD 的诞生是集体的力量,是各大管理学家集众智的结果,也是各类理论的综合产物。初步统计了一下,关于 OD 的定义有 50 多种,而真正给 OD 下一个准确的定义却很难,只能以最初出现 OD 的原始需求来定义——OD 是以组织健康和有效性为目的,集合行为科学、团队管理、过程系统管理和文化建设等的一种管理干预行为。

二、狭义与广义的 OD

（一）狭义的 OD

一般指业务 OD，即借助系统思考、团体动力、人力资源、心理学等理论及工具，帮助团体厘清业务方向和目标，改善团队关系，激发个体活力，以及提升组织效率，达成业务目标。狭义的 OD 更多的是围绕着业务发展所做的工作。

（二）广义的 OD

指伴随组织发展的生命周期，通过一系列的措施改善业务，优化结构，提高能力，推动组织的业务（事）、系统（关系）、人才（人）健康发展，完成组织使命。

作为 OD，需要从不同层面支持公司业务的发展，如愿景梳理与厘清、战略制定与落地、目标设定与推动。

1. 愿景梳理与厘清

（1）愿景生成：核心管理者从个人愿景到共同愿景

公司在开始创业的时候，创始人一般会有一个个人梦想，这是背后的精神力量。但是只有将个人愿景转化为团队的共同愿景，才能够激发团队成员的动力，而这一般是通过愿景共创的方式来操作。

（2）愿景检验：中层管理者的对话

当高层管理者在谈论某些愿景的时候，他们的态度是怎样的——是同样充满了兴奋感？还是没感觉？如果中层管理者没感觉，觉得离自己很远，那么一线员工就会觉得离自己更远。这个时候就可能需要对这个愿景作出调整和梳理，直到中层管理者也对这个愿景充满兴奋感时，才可以开始第三步。

（3）愿景感召：用愿景吸引和点燃员工

一个企业的高层管理者，要反复地给员工讲，这个企业未来要去哪里、要为社会创造一个什么样的价值，要让大家对这个愿景充满向往，呈现出一种被点燃的状态。

当愿景被梳理清楚之后，接下来需要做的就是战略的制定与落地。因为愿景相对来讲比较感性，或者说它是偏向于内驱力的、非量化的；而战略则相对具体，它要考虑市场环境、整个社会的发展趋势、社会的现状等。这里面包含两个重要的动作，一个是战略的生成，另一个是战略的分解。

2. 战略制定与落地

（1）战略生成：战略工作坊

可以通过战略工作坊的方式，帮助一个企业去梳理它的战略；业内也会有一些比较成熟的工具可以借鉴，比如波特五力模型、态势分析法（SWOT）、宏观环境分析模型（PEST）等。

（2）战略分解：分解到各个模块和团队

战略生成之后，需要对战略进行分解，可以通过战略分解工作坊的模式去做，以便于业务团队能够达成并执行相关战略。

比如，阿里巴巴内部经常采用"晒目标"的方法：在战略被分解之后，大家相互把目标晒出来，晒完目标之后，彼此对照，看看是否能够支撑整个战略的发展。

3. 目标设定与推动

这是更细层面的推动，当目标分解到某个小的团队、某个人，就已经变成一个任务，当然也会有一些量化的指标。有的公司用KPI进行管理，这也是绩效管理的有力动作；有的公司为了达成目标则使用OKR的方式。就像德鲁克在《管理的实践》一书中提到的，"管理者最重要的工作就是管理目标的实现"。

以上是 OD 在业务层面的一些很重要的模块，也是很多 OD、HRD 须承担的职责。因为很多小公司并没有细化出 OD 岗位，大公司一般会有专员来做。

但是，如果 OD 只是以团队为主导，围绕着人才发展开展工作，就可能遇到一些挑战。因为对一个企业来讲，业务的发展会起到关键的作用。

OD 的第二个模块是人才发展，也是很多 LD、TD 着力比较多的地方。

相对来讲，人才发展是一个成熟的领域，这里主要谈三点。

第一，人才盘点与管理。人才盘点到底"盘"什么？从发展的视角来看，OD 主要盘点人才的过去、当下、未来。

在过去，公司的人才经历了什么样的过程？在当下，人才又是一个什么样的状态？手里有什么牌？我们还缺什么牌？在未来，基于业务的发展方向和愿景，还需要补充什么样的人才？人才需要具备什么样的胜任力？这些都是需要去盘点的。

从层次的视角来看，OD 要分别从公司、团队、个体的层面去盘点我们的人才是怎么样的。

从实践的角度来看，如阿里巴巴内部经常提到的是以战养兵，就是在实战过程中来看我们的人才是否能够支撑业务的发展。

第二，领导力培养。当我们通过人才盘点，了解组织的人才结构、人才的胜任水平之后，就可以采取不同的培养手段。

很多公司会梳理胜任力模型，这也是 OD 的常见工作。再究其本质，还是 TD 的工作。

很多公司在做领导力培训时会出现如下一个现象：高层觉得管理者这个也不行、那个也不行。但是，我们需要看本质。高速发展的公司，一般都是业务水平领先于管理水平。不过，因为管理场景的不同，很多公司的管理问题表现的形式并不一样。所以，我们需要先去梳理不同的管理场景、去思考我们需要什么样的管理动作基于不同的管理动作，再去设计不同的培养体系和项目。

第三，培养业务骨干。业务骨干，包括一些高潜力的人员也同样需要发展。在个体层面，可以采用招募、培养、激励、保留，以及 IDP（Indivadual Development Plan，个人发展计划）的方式。

组织发展（OD）工作者究竟应该做好哪些事？

第一，业务文化。业务文化主要包含组织文化的梳理与落地，很多公司觉得自己的文化落不了地。因为文化是"长"出来的，不是天上掉下来的，所以公司的高层需要去培养文化的土壤。

随着公司的发展，在不同的阶段，需要对文化进行升级与变革。

第二，组织系统。组织系统包括结构与流程的设计与优化。比如，通常情况下，大家谈的是金字塔结构和矩阵结构。

流程的设计与优化，跟公司的业务、行业、人员都会有很大的关系，这个需要根据公司的业务特征来梳理。

第三，组织机制。组织机制包括决策机制、沟通机制、奖惩机制等。不同的公司会有不同的决策与沟通机制，这是不同的企业呈现出来的不同特征。

文化、机制和系统三个方面相辅相成，目的是促进业务和人的发展。

在一个组织中，OD 是否有话语权，很大程度上取决于他是否能够帮助业务成功、是否能够真正有效地推动业务，话语权是在这个基础上不断沉淀下来的。当然，在这个过程中，OD 也能够掌握业务方向，提供更好的人才、提供更高效的组织形式，以推动整个组织朝着使命驱动的方向努力。

第二节 ｜ 组织设计：有意识协调的活动系统

组织，具有明确的目标导向和精心设计的结构。要结合企业组织设计的方法论和组织的具体实际情况，设计最合理的管控模式，实现组织资源价值最大化和组织绩效最大化，提高组织的执行力和战斗力。

一、组织结构定义

企业组织结构是企业组织内部各个有机构成要素相互作用的联系方式或形式，目的是有效、合理地把组织成员组织起来，为实现共同目标而协同努力。组织结构是企业资源和权力分配的载体，它在人的能动行为下，通过信息传递，承载着企业的业务流动，推动或者阻碍企业使命的进程。由于组织结构在企业中的基础地位和关键作用，企业所有战略意义上的变革，都必须从组织结构开始。

二、组织设计因素

在设计组织结构时，应考虑公司的战略目标、公司规模、行业环境、生命周期、产品特点等因素。一般来讲，组织设计需要解决的问题如下：治理结构、公司一级组织结构、职位发展、管理层级、管理幅度、管理层次、集权与授权、部门二级结构、部门定位与职能描述、管理副职等。

三、组织模式选择

组织模式可能随着外部环境、领导水平和内部核心能力的变化而发生变化。不同的组织模式，其优点是不同的，并且适合不同规模、不同素质、不同行业、不同战略目标的公司。根据组织结构中权责关系的不同，人们将组织结构划分为直线式、职能式、直线职能式、事业部式、矩阵式等类型。

（一）直线式组织结构

直线式组织结构，是最早被采用，也是最为简单的一种组织结构形式。主要特点：各级组织依层次由上级垂直领导与管辖，指挥和命令从组织最高层到最低层按垂直方向自上而下地传达和贯彻；最高首长集指挥权与管理职能于一身，对下属负有全权，政出一门；每一层级的平行单位各自分立，各自负责，无横向联系，纵向上也只对上司负责，这种组织结构以权限清楚、职责明确、活动范围稳定、没有中间环节、关系简明、机构精简、节约高效见长。缺点是：在任务分配和人事安排上缺乏分工与协作，因而难以胜任复杂的职能；组织结构刻板，缺乏弹性，不利于调动下级的积极性；权限高度集中，易于造成家长式管理作风，容易独断专行；使组织成员产生自主危机，在心理上形成疏远感。这种组织结构的适用范围是有限的，它只适用于小规模组织，或者是组织规模较大但活动内容比较单纯、简单的情况。在古代，这种组织结构是主要的组织结构形式，随着社会的发展，它逐渐居于次要地位。

（二）职能式组织结构

职能式组织结构，是在直线式结构的基础上发展起来的。由于管理事务日益复杂，用直线式结构进行管理，便会出现管理者负荷太重、力不从心的问题。于是，在管理者和执行者中间，便产生了一些职能机构，承担研究、设计、开发以及管理活动。在职能式结构中，按专业分工设置管理职能部门，各部门在其业务范围内有权向下级发布命令与指示，下级既要服从上级主管的指挥，又要听从上级职能部门的指挥。

职能式结构具有分职、专责的特点，优点是：有利于发挥管理人员的特长，提高他们的专业能力；有利于将复杂工作简单化，提高工作效能；有利于强化专业管理，提高管理工作的计划性和预见性。它适应社会生产技术复杂、管理分工细腻的要求，而且在心理上，职能式结构造成一种强调专业、专业分工以及规划的新型管理作风。其缺点是：多头领导，削弱了必要的集中统一；不利于划分各行政负责人和职能部门的职责权限；增加了管理层次，管理人员过多，有时影响工作效率；在心理上使组织成员产生某种轻视权威的心理。

（三）直线职能式组织结构

直线职能式组织结构，是将直线式和职能式结构相结合而产生的一种组织结构。这种组织结构有两个显著的特点：一是按照组织的任务和管理职能划分部门，设立机构，实行专业分工，加强专业管理。二是这类结构将管理部门和管理人员分为两大类：一类是直线指挥机构和管理人员；另一类是职能机构和管理人员。直线指挥机构和管理人员在自己的职权范围内有决策权，对下属有指挥和命令的权力，并对自己职责范围之内的工作承担全部责任；而职能机构及其人员，通常只是直线指挥人员的参谋，没有决策权和指挥权。

直线职能式组织结构抛弃了职能式结构多头领导、指挥不一的缺点，保留了职能式结构管理分工和专业化的优点，又吸收了直线式结构集中统一指挥的优点，因而管理系统完善，隶属关系分明，权责清楚，是比较好的组织结构形式，在现代社会，它有着较广的适应范围。但是，这种形式的结构也有其自身的缺点，主要体现在两个方面：一是各职能部门之间横向联系较差，易发生冲突和矛盾；二是由于各职能部门没有决策权和指挥权，事事要向直线管理部门和人员汇报请示，这一方面压制了职能部门的积极性，另一方面使直线管理人员整天忙于日常事务而无暇顾及组织所面临的重大问题。为了弥补这些缺陷，一方面可以设立委员会，由直线指挥部主持，召集各职能部门负责人参加、讨论组织的重大问题；另一方面，可以适当地授予职能部门一定的权限，使其具有独立管理事务的权力和自由。

（四）事业部式组织结构

事业部式组织结构，又称分权式组织结构。现代社会组织规模日趋庞大、活动内容日益复杂、变化迅速，基层单位的自主经营日益重要，事业部式组织结构正是为适应这一变化而产生的。这种组织结构的最大特征在于分权化。它按照产品、地区、市场或顾客将组织划分为若干个相对独立的单位，称之为事业部。各事业部根据最高管理层次制定的方针、政策和下达的任务、指标，全权指挥所管辖单位和部门的生产经营活动。各事业部在人事、财务、组织机构设置方面有较大的自主权。这种组织结构的优点：最高管理部门和管理者可以把主要精力放在研究制定组织发展的战略方面，而不拘泥于对具体事务的管理。由于权力下放，各事业部能独立自主根据环境变化处理日常工作，从而使整个管理富于弹性，使组织工作更加具有灵活性和适应性，可以做到因地制宜、因时制宜。由于权力下放，各事业部门独立性较强，可以摆脱请示汇报、公文旅行、浪费时间的陋习，提高工作效率。由于事业部是相对独立的经营单位，也便于将组织的经营状况同组织成员的物质利益挂钩，从而调动大家的积极性。

但是，事业部制本身又具有缺陷，主要表现在：过分强调分权，削弱了组织的统一；强调各部门的独立，缺乏整体观念和各部门之间的协作；各事业部都存在自己的职能部门，有可能导致机构重叠、管理人员增多、人浮于事、管理费用过多等问题。

（五）矩阵式组织结构

矩阵式组织结构就是由纵横两种管理系列组合而成的方形结构。一种是纵向的职能部门结构；另一种是横向的项目管理结构。二者交叉重叠，便组成矩阵式组织结构。

矩阵式组织结构的特点：它是为了完成某种特定的任务，如完成一个工程项目或开发一种新产品，由有关职能部门组成一个小组，以便于利用各方力量，协调各方面活动，保证任务的完成；项目小组的成员接受双重领导，既服从于小组负责人的领导，又要受所属职能部门的领导；矩阵组织的形式是固定的，但每个小组是临时的，在完成任务后立即撤销。这种组织结构的优点：把组织中的横向联系和纵向联系结合起来，加强各职能部门之间的配合；把不同部门的专业人员集中在一起，有利于知识互补、开发新产品；这种组织结构具有很大的灵活性，应变迅速。但是它也有不足之处：由于实行双重领导，容易因意见分歧而造成工作上的矛盾；各项工作在时间、成本、效益等方面的平衡很难实现；加之专项小组多是临时性的，小组成员容易产生临时性的观念，使职工容易缺失稳定感并感到迷茫。

四、组织设计原则

设计新的组织模式时需要综合考虑以下原则：

1. 分工与协作相结合的原则

组织既需要分工，更需要协作，组织设计需要分工与协作的有效统一。

2. 不设管理副职原则

尽量在二级部门少设或不设管理副职，避免资源浪费和多头指挥。

3. 权责对等原则

各部门和岗位的责任和权力要对等平衡。

4. 资源集中原则

将优质资源集中到公司的核心部门。

5. 组织扁平化原则

尽可能压缩管理层次，增加管理幅度。

6. 与员工素质匹配原则

组织结构不能脱离实际，需要与员工素质充分匹配。

7. 战略导向原则

增设、删除或调整部门的职能，逐步规划以满足公司的中长期发展战略。

第三节 |【案例】AC 集团组织设计案例

一、案例背景

AC 集团，成立于 2003 年，是由香港某投资集团创办的集房地产开发、物业服务、酒店开发管理三大业务板块为一体的外商独资企业。集团以"全国布局、区域聚焦、城市领先"的战略发展方针布局中国三大经济圈和中西部核心城市，开发足迹遍及诸多核心城市。集团目前的组织设计相对滞后，组织和管理模式已不能适应企业的高速发展和规模扩张。

二、集团组织设计期望解决的问题

（一）集团管控模式

集团公司自 2003 年成立以来，尚未建立明晰的集团管控模式，从目前的运行结果来看，已经暴露出一些迫切需要解决的问题：集团与福州公司人员交叉、某些重要职能没有部门去承接、集团尚未发挥支持下属地产公司的功能。

集团对异地公司在人力资源、财务、投融资、采购、策划、营销、品牌、市场拓展等具体的业务领域没有进行集权与分权的划分，这将不利于集团对下属公司的管控及提高下属公司的主观能动性和运营效率。（如图 2-1）

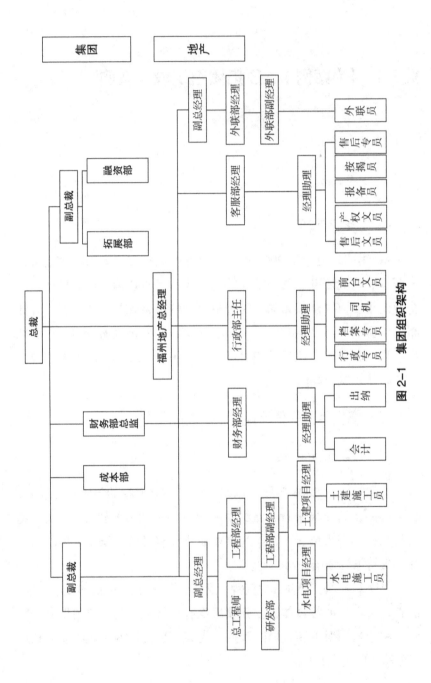

图 2-1　集团组织架构

集团公司目前缺乏公司治理结构，如董秘办、薪酬与考核委员会、战略管理委员会、审计委员会等，缺少对公司经营层面的管控和指导。

（二）组织结构

公司目前采用职能式的组织结构，从运行结果来看，也已经暴露出一些问题：部门协作和相互支持不够，缺乏横向的沟通与协调，降低了组织的整体运作效率，等等。

公司作为典型的以若干项目为基础运作的公司，更适合选择矩阵式的组织结构，这样的话，就可以共享不同项目间的资源，利用不同部门的力量实现具体项目的正常运作，同时可以避免部门之间的沟通障碍，确保项目顺利开盘。

（三）部门定位

从调查来看，目前对公司集团职能部门的定位未能体现公司对发展的要求。福州公司存在部分职能的交叉、个别部门定位不清晰、部门责任和权力界定不清、部门的责权不对等等问题，这将会导致部门有责无权，也不能充分发挥部门职能。建议公司按照流程对各部门职能的定位重新思考，同时对各部门的使命和职能进行详细的描述，并且识别每个部门的职能关键绩效指标（Key performance Indicators，简称 KPI）。

（四）岗位设置

公司内部岗位的设置不足以承担部门总体职能和公司发展战略需要。

虽已建立岗位说明书系统，但岗位职责界定还不够细致和清晰。

部门岗位编制还不完善，有的部门工作负荷过大，致使工作经常出现错误。

（五）管理幅度与管理层次

高管人员管理幅度过大、精力分散。目前，公司没有明晰的管理幅度、管理层次的设计，也没有完善的岗位层级规划和职位发展矩阵，这导致"管理独木桥"现象严重，员工对自己未来的发展定位及方向不清楚。

（六）未来组织模式的演变

根据目前的组织运作模式，建议公司未来持续不断地深化矩阵式组织模式的变革，在职能管理部门强化企业管理、财务管理、项目拓展管理、研发等功能，最终实现各项目安全、高效、低成本运行。

三、集团组织结构设计方案及构建策略

（一）抓重点环节

在房地产业务流程中，价值贡献最大的环节和风险较大的环节由公司最高层直接运作；着重培育营销策划能力、项目前期联络能力、资金运作能力和技术创新能力；加强集团的人力资源开发力度，完善人才的选用、培养和激励机制。

（二）成本控制

加强对策划、规划设计、工程管理等环节的监控，使预算精确、成本透明。针对成本发生的关键点，健全、完善控制管理制度；加强总部审计职能和职权，除加强财务审计监督外，积极开展项目全

过程审计，以及主要负责人员的任职审计。

（三）资源整合

将核心人员提到更高的层面来规划和解决未来的问题；集中和整合相关资源，提高效率、降低成本；科学设置业务、管理流程，减少不必要的管理环节；对于品牌整体规划，要以提升质量为主。

（四）未来发展成功的关键要素在于"创新、整合、速度、品牌"

创新：

- 产品创新——从建造让老百姓买得起的房子到高品质生活，围绕市场变化不断引导房地产产品创新的潮流。
- 管理创新——进行质量的把控和资金流、人才流、物质流的调配，并使各项管理工作制度化、标准化。
- 理念创新——公司地产超越单纯的产品属性，将固化的房子赋予更多人性化的理念，创造具有丰富文化内涵的生活方式，改变邻里生活。
- 营销创新——从规划设计开始便注入营销理念。

整合：

- 更大程度地整合产业资源、资金资源、社会资源、专业资源、客户资源。

速度：

- 保持并提升公司特有的发展速度和模式，在投融资、规划设计、报批报建、工程施工、材料采购、营销资金回收、客户投诉解决等方面提升速度。

品牌：

- 逐步提升品牌质量，由资源扩张迈向品牌扩张。

四、集团定位

将集团总部定位为战略规划、财务管控和资源整合的三大中心，并在以下几个主要方面完善集团管理模式。

（一）母公司、子公司

集团对下属公司采取集团对子公司的管理模式，对地产开发核心业务实施专业化管理，地产公司实行区域公司制，完善矩阵式管理。

组织设计：整合优化现有的组织机构，围绕公司发展和项目制管理实施提供组织保障，依据总部定位，对管理中的关键权责进行母公司、子公司间的划分，完善预算管理、财务审批、经营计划、审计等关键管理流程，使总部职能得以发挥（如图2-2）。

绩效考核：建立薪酬体系，对子公司管理层和核心员工薪酬进行动态调整，体现岗位贡献价值。集团公司对地产公司中高层实施绩效考核，并纳入集团公司考核体系。

（二）人员管理

集团公司对地产公司中高层的任免有决定权、对地产公司财务管理人员实行委派制，地产公司的人力资源管理全面纳入集团公司人力资源管理体系。

（三）区域地位

将福州公司定位为以福州为中心、辐射五区八县的区域公司（业务范围待定），区域公司应着手培养相应的能力。福州公司应形成以计划预算为导向，以质量、进度和成本为关键控制点的强项目管理能力，并成为公司的人才孵化器。

- 自身实现由职能型向矩阵式组织结构的转变；
- 完善和规范施工管理中有关质量管理、合同管理、签证管理的各项制度和相关流程；
- 界定施工过程中可能出现的质量问题，并有针对性地提出解决预案；
- 为集团扩张培养和选拔技术过硬、责任心强、职业道德水平高的项目管理队伍。

下属物业公司应形成对公司品牌有较强支持的物业服务管理能力，成为高品质的物业公司。

- 参与前期设计和施工管理环节，对与设计相关的问题有建议权，对施工管理中的具体性问题有审核权；
- 在维修基金到位的前提下，保证维修时间和客户的最终满意度；
- 对新项目要积极准备，做好房地产物业人员和技术上的准备工作；
- 增加服务内容，完善服务体系，创建个性化的物业品牌；
- 逐步建立市场化物业管理的独立竞争能力。

五、总部核心能力

（一）组织方面的能力

- 依据总部所承担的角色，不断明确各个职能部门的职责；
- 建立关键权力集中管理的汇报体系，以保证控制与协调；
- 完善落实集团对子公司的管理模式，对地产开发核心业务实施专业化管理并给予资源支持；

- 建立区域公司的管理输出和服务共享体系，以减少各个地产项目公司职能部门的重复劳动并降低运营成本；
- 帮助地产公司建立跨部门的人才队伍，提高地产公司绩效；
- 帮助地产公司完善项目管理能力和其他能力。

（二）功能／流程方面的能力

完善预算管理、经营计划、审计等关键管理流程，使总部职能得以发挥，对公司发展保证恰当的控制。

- 策略性计划、预算和预测；
- 资金分配；
- 业绩管理；
- 成本控制；
- 发展全面的财务管理能力；
- 规范相关流程，以获得准确、及时的财务和经营信息系统；
- 更有效的财务审批、监督流程；
- 进行有效投资分析。
- 预算执行和审计；
- 财务风险管理；
- 较强的融资、公关能力；
- 以市场为导向的产品研发，创新和营销策划能力。

（三）人力资源方面的能力

- 建立人才招聘培养计划；
- 招聘专业人才；
- 为人才规划培训、职业生涯；
- 建立以绩效为导向的绩效管理体系和改善体系，集团对地产

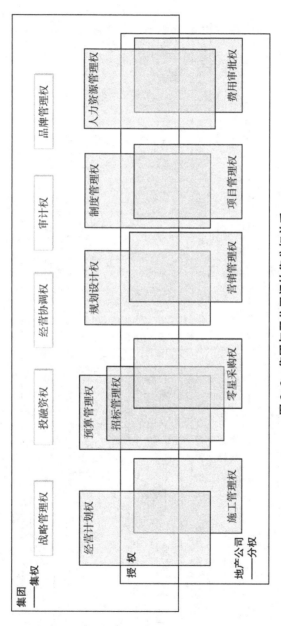

图2-2　集团与子公司间的集分权关系

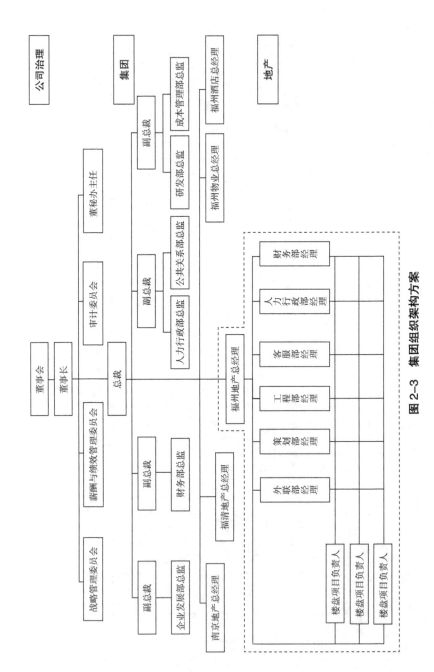

图 2-3 集团组织架构方案

公司中高层实施绩效考核，并纳入公司集团考核体系；

- 建立以市场为导向的薪酬体系，体现岗位贡献价值，对子公司管理层和核心员工的薪酬进行动态调整，完善激励机制。

第四节 ┃ 行动探询：组织的可持续性发展

行动探询是一种全新的、在行动过程中学习领导力的方法。行动探询在有关领导力和组织转型的情景中会增进个人的真诚性、关系的相互性、公司的盈利性，和组织和环境的长期可持续性。

一、行动探询的原理

作为一种在行动中的超洞见，它能实时评估动态的形势，完成任何优先任务。要想在紧急情况下运用转化型领导力，就要培养在行动中探询的能力，这样才能接收和理解以下三种类型的反思。

一是针对外部世界表现出的结果的单环反思，它要求我们改变行为以更高效地实现目标。

二是为了提升有效性，对可能需要改变的目标和战略进行双环反思。

三是三环反思是关于我们要培养一种什么样的持续觉察，这样才能兼容4个经验领域并能检验行动的合理性和真诚性。

通过单环、双环、三环反思，行动探询能提高行动的效率、效果和合理性，同时使个人在内心产生一种真诚感。当行动能同时产生外在的效力和内心的真诚感时，它们就具有深刻的适时性。

但很多人或许会感到疑惑，如何用不同的方式练习注意力，以确保自己是在进行行动探询而不仅仅是在思考呢？

注意力练习所涉及的第一个核心要素是关注。首先要认识到，平常的注意力和觉察非常有限，因为很多在内心发生的事情都没有被觉察到。一些人会惊讶地发现自己甚至都不知道自己内在的心理、情感和生理活动是如此之多。

- 在家或工作时（在可能的情况下），把闹钟或手机设置为每60分钟响一次。在铃声响起的那一刻，花30秒时间关注自己在心理、情感和生理上的感受（包括被铃声引起的任何恼怒情绪）；
- 当从一个活动过渡到另一个活动时，通过关注自己对前一个活动的结束和下一个活动开始的感觉是怎样的，将这种过渡状态带入到觉察范围中；
- 每天吃饭和入睡前抽时间进行自我回顾，确定继上一次的回顾后自己最满意的时刻是何时，然后暂停回顾并明确地问自己："是什么原因令它让我最满意？"同样地，找出自上次回顾后自己最不满意的时刻及原因。回想一下，在这些时刻发生时，你是否觉察到了这些反应。

二、作为 OD 的行动探询

组织方式的行动探询，寻求实现使命、战略、执行和结果这几个领域间清晰度和一致性的提升。单环、双环、三环学习对适时的转变性行动以及在愿景、理论、实践和效果间实现持续的完整性必不可少。

（一）行动探询练习

下面这个练习模块可以让你反思自己与一个第三人称组织（本书）的关系，并在你与它的关系中进行可能的单环和双环改变。

现在，你可以采用下面的行动探询流程来批判性地反思自己迄今为止的个人经历，可以自行设计谈话要素的措辞。

（二）行动探询流程

探询主题：当看到插叙部分建议的前两个练习时。

初始框定：当我看到所建议的练习，对此我的打算是_____

主张：我认为此时对我来说最好的回应是_____，因为_____。

阐述：自那时起，我已经做了的是_____。

探询/倾听：我的决定所带来的结果是我所期望的吗？
是_____，不是_____。

为什么是或为什么不是？

我对自己的计划以及执行计划的方式满意吗？
是_____，不是_____。

经过这次探询后，我现在想改变自己对这些练习的立场吗？
是_____，不是_____。

[可能地]再框定：此时此刻，就这些练习我想做的是_____，因为_____。

总之，这种反思过程会让我：
- 不做任何改变；
- 基于单环学习做出改变；
- 基于双环学习做出改变；
- 基于我从这本书中了解到的三环学习做出改变。

三、OD 行动探询的基本任务、时间视域和权力

有效的、具有转化性的，同时也是可持续性的第三人称行动探询

要求将四种经验领域和可进行单环/双环/三环反思、学习与改变的机会整合起来。

在第三人称行动探询中，四个领域是指愿景、战略、执行和评估（表2-1）。

在市场经济中，盈利能力和市场占有率的增长一直是评估公司的主要维度，亏损要么会导致对运营的单环改变，要么会导致对战略的双环改变，甚至可能是对使命的三环改变。

表2-1体现了这四种经验领域如何在第一人称的关注、第二人称的谈话与聆听和第三人称的组织中得到体现。

表2-1　4个领域中的行动探询

第一人称：关注	第二人称：谈话与聆听	第三人称：组织
意图	框定	愿景
思考/感受	主张	战略
感知/行动	阐述	执行
影响/察觉	探询（和倾听）	评估

当然，除营利性企业外，还有其他组织形式（如政府、非营利性机构、大学等），除盈利能力外，也还有其他评估形式（如组织如何影响参与者的权益、基于对社会和自然环境的影响考虑，组织过程的可持续性如何）。

组织的任何层级的领导者若要变得完全可靠且能长期担当重任，就必须具备四种不同类型的领导力，且同时要具备传统意义上的有效性，并能够对个人和组织的转变提供支持。我们相信名副其实的领导者一定能够做到以下四点：

第一，及时响应外界可能随时发生的意想不到的紧急情况和机遇；

第二，及时进行事务性工作并履行岗位职责，这通常需要 1 周到 3 个月的时间；

第三，定义并实施一个重要的战略举措，这通常需要 3 至 5 年的时间在战略执行和评估领域进行不间断的协调工作。

第四，厘清组织使命，鼓励组织持续改进，实现对使命、战略、执行和结果之间的协同。这需要 7 至 21 年的时间，因为组织成员只会逐步地判定这个进程的价值并主动参与到行动探询的过程当中。

与领导能力相关的这四个时间跨度相互渗透并彼此影响，因此长时间的有效管理就要求始终兼顾并平衡这 4 种领导力。实际上，如果更进一步观察的话，这四种领导力中的每一种都兼具长期和短期特质（例如，在有些情况下，终极使命的成功实现取决于对一次意外机遇的即时响应）。

对应于不同领导力类型的需求之间的关系可能会相当紧张，因为涉及两种短期领导力的任务更多的是由特定时间下的外在因素决定的，而涉及两种长期领导力的举措则更多的是由内在因素决定的（如果它们同时需要被行使的话）。一种极端情况是，如果一位领导者是完全被动地规划时间，那么更紧急、更为外在的需求就会占优势，从而排挤掉持续性的探询和战略举措；另一种极端情况是，如果一位管理者不能在两个较短的时间跨度内有效进行工作，就会被孩子、学生、下属、同僚和上级认为是不切实际的、不可靠的。

大多数领导者在处理不同领导力类型间的紧张关系时倾向于选择聚焦一个活动。知道不停地应对紧急情况的"救火队员"（似乎常常也是紧急情况的"始作俑者"）吗？知道埋头于日常性事务、拒绝任何变化的"官僚主义者"吗？还知道那些"有远见"、聪明绝顶却又难以与人合作的战略规划者吗？这些夸张描述所代表的方式几乎肯定会加剧各个经验领域间的不协调，并会随着时间的推移降低组织效率。进入任何特定的领导角色时，你都可能会发现在这四种经验领域中存在严重的紧张状态和不协调，这是因为前任可能已经采用了相对片面的领导方式，就像这些夸张的描述一样。

然而，如果一位领导者能够积极地、有意识地兼顾并平衡这四种领导力，那么每个时间跨度的需求将逐渐被补充并支持其他 3 个时间跨度的有关活动。但显而易见的是，要实现这种兼顾与平衡，最开始就要保持对这四种组织经验领域的觉察，并欣然接受它们。简言之，在持续进行的基础上努力生成三环学习——超洞见，就是真正适时领导力的秘诀。但是很少有组织成员会作出这种努力，与之相反，不同的成员就组织的问题及如何解决可能有截然不同的观点。

领导力的四个时间跨度与不同类型领导惯于运用的不同权力大致相对应：

第一，眼前的机遇和紧急情况通常需要对单边权力的临时使用，因为单边权力能短暂改变外部世界。

第二，常规的职责任务和短期项目通常通过两种权力类型来实现——参照权力（referent power）和逻辑权力（logistical power）。相互参照性权力或参照权力是一种由权力服从者而不是权力行使者建立的权力，是一种"被统治者一致认同"的权力。参照权力认为，如果你告诉同事去做什么，他们或许会抗拒，但如果你询问他们是否会帮助你，他们可能会更配合，只要你也如此回报他们。

与之相对应，现有架构下有望效率更高的新项目（如研发一个新的销售软件系统）则需要使用逻辑权力来为其创建一个微型的连贯新体系。逻辑权力是在既定的架构中系统地创造出的一种借以达到预期结果的力量。

第三，战略规划和实施的要求更为复杂。实施一个长期的战略需要同时兼顾逻辑权力、参照权力和单边权力。要发展一个真正有驱动力的战略计划需要一种直觉性的、目标明确的前瞻力。

第四，重新展望组织使命，让组织成员持续实践行动探询以增进使命、战略、执行和结果之间的协同性，这都需要转变权力并巧妙地适时整合所有权力类型。

第五节 ┃ 组织发展模型：ARM/ODP

组织发展模型不是真正的组织发展，它并不能复制真实情况，但它可以表明需要进行的工作并让人们作好准备，有助于我们更好地理解某些特定的现象。因此，充分利用好模型的功能，可以使我们更好地理解某一种现象。

一、行动研究模型（ARM）

从组织发展学初创至今，行动研究模型（Action Research Model，简称研究模型 ARM）一直以来都是进行组织发展实践的有效方法，并且深深地植根于组织发展之中。著名的组织发展领域奠基人库尔特·勒温（Kurt Lewin）的卓越贡献在于，他在 20 世纪 40 年代中期提出了行动研究模型的概念。勒温有一个著名的表述，即没有行动就没有研究，没有研究就没有行动。

行动研究模型的前身是由休哈特（Shewhart）于 20 世纪 20 年代所构想的 PDCA 循环模型，该模型被用于解释持续改进组织的必要性，以及持续改进进行的流程（如图 2-4）。

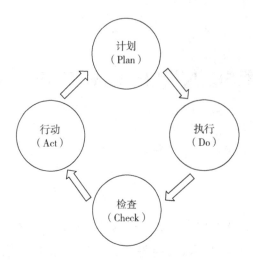

图 2-4　休哈特的 PDCA 循环模型

在计划阶段，通过各种决策工具来决定哪些工作可以改善组织及其流程；

在执行阶段，上述计划得以试行；

在检查阶段，对尝试性的实施进行评估，确定试行的计划是否达到预期的结果；

在行动阶段，对经过检验获得成功的流程进行全面实施。无论实施结果成功与否，接下来又将会开始新一轮的循环——又从计划阶段开始。如果实施获得了成功，那么新的计划应该着重探讨怎样进一步改善流程；如果不成功，则需要重新搜集数据来分析导致失败的原因，而更新的计划又将试行，从而确定它们是否有助于改善流程。这个模型重点强调持续改进。

二、组织发展过程模型（ODP）

行动研究模型在很多方面都反映了对持续改进的认同。麦克莱恩和苏利文（Mclean & Sullivan）提出过一个循环的序变模型，与

PDCA 模型较为相似。然而，这类模型却受到了诸多批评。例如，即使模型看起来是环形的，但是单向的箭头表明它仍然是一个线性模型；再者，各个阶段之间没有任何的重叠，也没有相互作用，在各阶段之间也不存在来回往复的情况。因此，他们使用了一个上述模型的修正版本贯穿他们的著作，即组织发展过程模型（Organization Development Process Model，ODP）（如图 2-5）。

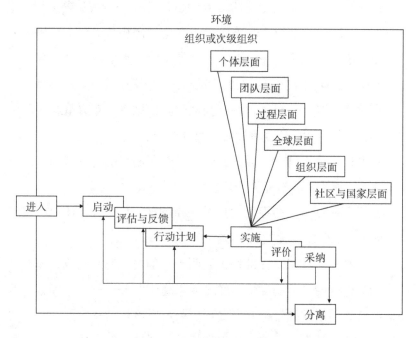

图 2-5　组织发展过程模型

组织发展过程模型包括 8 个阶段，而且各个阶段相互作用。无论专家顾问来自组织内部还是外部，每一阶段都适用。要谨记，组织发展可以应用于不同的深度，例如有些阶段会是简要的、浅层次的，而有的阶段则是深层次的，需要投入更多的时间、资源和精力。简言之，每个阶段的目的如下。

1. 进入——第一个阶段是组织发展专业人士（或顾问）完成了必要的市场营销后与客户代表会面，决定大家是否会一起工作，评估组织是否作好了变革的准备，并确认合作的前提条件。

2. 启动——这个阶段在双方达成合作协议后便开始了，此时的基础条件和基本设施部署到位（例如，客户组建一个团队与顾问一同工作）。

3. 评估与反馈——这一阶段有时也被称作分析或诊断阶段；在这一阶段，顾问和客户一起确定组织文化的优势与劣势，并将相关信息传达给组织成员。评估也可以只是集中于组织感兴趣的某一个特定方面，这样则不需要耗费太多的时间和资源。

4. 行动计划——根据评估与反馈阶段的结果，双方就组织发展的目标以及怎样达成这些目标共同制订计划。

5. 实施——在这一阶段，执行上一步所制订的行动计划。用组织发展的术语来讲，这称为干预。

6. 评价——这一阶段需要回答一个问题：对于行动计划所制定的目标，我们实施干预的效果如何？

7. 采纳——如果上面的评价表明干预的目标已经达成，那么就可以将所进行的变革制度化，使之成为组织业务运作的一部分。但如果评价表明预期的目标并未实现，则可以跳过这一阶段。以上两种情况无论哪种发生，整个流程都将重新开始，但会比上一个流程有所简化。

8. 分离——在某些时候，组织发展顾问将自己的技能传授给客户以后，会从干预过程中抽离出来。不论顾问是来自组织内部还是外部，分离都是必要的。出现这种情况的原因可能是组织已不再迫切需要进一步的变革，或者组织尚未做好下一阶段变革的准备；也可能是顾问不具备组织发展所必需的技术，或者顾问已经被组织文化所同化，因而再也无法维持其客观性。但无论是出于何种原因，分离都应该有目的地进行，而不应任其自然而然地发生。

如图 2-5 所示，理想的状况是不管是否有顾问的参与，无论进展如何，整个过程都能得以持续下去，而且最终都能实现持续改善组织的目标。但请务必记住我们在前面所讨论过的关于模型的运用。有时候，由于市场需要，人们可能会将某些阶段合并或是省略某些阶段，但这样做时要小心。虽然行动研究模型和组织发展过程模型在组织发展领域运用得很好，但是业界对此仍有诸多批评。有些人认为逐一完成所有的阶段用时太长，而当今世界变化太快，我们没有充分的时间去完成每一阶段的工作。对于这一批评，我们的回答是：如果因为省略某个步骤而导致整个过程失败，则会耗费更长的时间，因为其结果是需要重新开始整个过程，之前为了进行改善而付出的时间与资源都将被浪费。

ORGANIZATION DEVELOPMENT OF FACTOR

第三章　TD：企业竞争优势源泉

　　全球化、新型科技以及不断变化的员工期望值使得我们的工作场所经历着持续快速的变化。以职能为划分依据的运营模块界限逐渐模糊，传统的组织架构正在扁平化。几十年前的人才管理与人才发展还是泾渭分明的两个职能，而今天，高层领导们已经日渐发现将其合二为一的价值——只有这样才能对员工绩效和组织绩效产生最大的影响。

第一节 ┃ TD 的三大要点计划

人才管理的主要作用是帮助组织发挥长期优势、为组织持续提供关键人才。这里从提升商业总体成就的角度出发，提出"三大要点计划"来指导未来的人才管理，重新厘清对"工作"本身的认知、定义和范围。

一、人才发展的定义

人才发展的定义必须包含以下因素：采用渐进方式实现个人和企业的社会化绩效考核（侧重增长、创新和生产力）。基于团队的评估、绩效、衡量工具，可为个人绩效的考评提供更大的优先度；预测性的分析能力将允许人才管理专业人士通过数据评估趋势，作出利于未来发展的决策。对行业和业务更深的洞察将允许人才管理专业人士更好地利用"实时"的人才、新市场和新技术（如自动化）条件。企业治理的引擎应主动拥抱开放的人才市场。（如表 3-1）

表 3-1　人才发展的变化

变 化	远 离	趋 向
企业组织模式	命令、控制、等级制度	协同合作的生态化系统，扁平、敏捷、动态及矩阵化
劳动关系	雇主主导、控制并"拥有"劳动力	在开放的人才市场按需建立工作关系；个人对职业生涯发展起主导作用
人才管理的目标	预先定义好的"设计"与"执行"，机械的年度管理流程	高度可分析的敏捷系统，符合业务需求的综合人才平衡系统
动态变化的劳动力	与人力资源流程配套的人才模式（聘用、培养、配置）	技术互联式，社会化结构的生态系统，可以利用复杂的人力分析实现实时的（经常也是"专门化的"）能力分析
人才管理专业人士的角色	流程和实践的设计师	复杂的网络化和社会化工作任务的组织者，使人才能够为了设定的工作目标一起合作
治理模式	迟缓的等级系统，建立在固定任期和复杂决策结构的基础上	灵活的、熟练社会化的、能够深入企业基层推动决策的治理

二、人才发展"三大要点计划"

（一）更加精通数据分析

大数据分析对企业的成功至关重要。德勤的研究表明："尽管78%的大公司……给HR和人才管理分析的评分为'紧急'或'重要'，这足以使分析能力跻身最迫切趋势的前三名，但这些公司中的45%在评估其HR的分析能力时，所评级别却是'尚未作好准备'。"渐进式人才管理者需要建立组织的分析能力，利用先进、强大的数据分析，不仅能够跟踪、报告与人相关的数据信息，还能为业务领导提供实时的、以数据为中心的人力决策工具（如人力规划、绩效管理和继任计划等）。

想象有这样一个商业环境：所有的业务领导者都拥有强大的交互式与预测性数据分析"工具包"来帮助他们作出实时的人力决策。企业领导者可以向他（她）的资深 HRBP 咨询"在土耳其怎样部署才能降低成本，又可以应对日常任务"，然后点击进入一个成员分布于全球的产品设计社区，然后将下一代的智能 APP 迭代任务众包出去。再想象这位业务领导者还与他（她）的资深 HRBP 讨论一个在印度的战略部署需求，只需轻扫几下屏幕就发现了三位潜在的候选负责人（一位在中国、一位在巴西、一位则正在战略合作伙伴那里任职），这些候选人能力很强，并且随时准备承担任务。

想象存在这样一个世界：在获取复杂的人才分析数据后，领导者可以立即评估绩效并反馈给他们的团队。试想一下，组织内部的团队能够自动接收含有复杂数据的信息，而这些信息能告知他们按照设定的基准或达标条件，其绩效的评测结果是怎样的。在这种想象的商业环境中，人才管理涉及的各个职能都将发生一系列变化。你可以采用下面的问题来评估企业的数据分析能力。

- 企业是否具备数据汇总能力（无论是购买还是租借）？数据分析能否为团队提供战略层面的附加价值？
- 是否与团队建立了协同的合作方式以确保你拥有提高分析能力的资源？
- 是否与重要的业务部门、企业、行业或市场数据建立了联系以帮助你捕捉与业务相关的人力资源分析信息，明确决定公司业务的战略与运营驱动因素是哪些，如收入的产生、创新的回报、销售预测、员工的工作效率等？
- 是否能积极参考企业其他职能部门的做法，如物流、营销和供应链管理等，了解他们是如何看待大数据的力量，可否将他们的做法融入 HR 部门的工作中？

（二）跟上时代发展的敏捷思路

人才管理者可以通过参考企业其他职能部门的工作来学习更多的数据分析方法，如物流、营销和供应链管理等。类似地，还可以从软件设计和产品开发部门学习设计敏捷、动态的组织结构。

"敏捷"已成为能够更快成功释放新产品的最佳实践方式。渐进式的产品开发团队往往会采用"敏捷"的方法构建"工作文化"，这种文化具有如下特点。

- 员工敬业度高度贴合业务需求（客户和业务模式，价值创造）；
- 工作任务可以明显分解成灵活的、相互作用的子单元，即流程被细分；
- 由更小的自治团队担负职责；
- 以一系列不断更新的预期收益作为责任关注点；
- 由自上而下的、透明的投资回报业绩来驱动企业财务管理。

想象有这样一家企业：它通过评估增长、创新力和产能来判断是否取得成功，个人（无论企业内部或外部，或者在任何层级）均可以基于约定的工作机会、承诺、协议或福利等参与主动的协作，并不断推出工作成果。这样的企业具备自我学习和自我纠错的能力（相关数据能传输给其他团队），从而能够明智地根据市场需求自我进化；这样的企业能够让人才和技能穿越边界、无阻碍地流动；这样的企业，它公开欢迎具有自我管理、自我监督和自我赋能的新系统。

企业需要新的组织设计方法来应对复杂的市场需求，通过购买、自建或借用必要的能力，在未来的加速变化中实现其价值主张。人才领导者必须了解如何才能设计出天性灵活的动态组织结构，即使依然沿用传统的人力资源实践，如招聘、战略部署和员工敬业管理，也将采用与众不同的全新方式。

看看皮克斯、红帽公司、顶级编程公司等组织，它们是如何利用颠覆性的组织模式，使特别的人才群体实现了资本化运作？如何将电影制作或软件产品成功地推向了市场？再看看美国汤姆斯布鞋（TOMS Shoes）公司，它是如何通过其首席执行官的愿景，将企业设计融入了公司整体的"一助一"（One for one）慈善愿景中，从而推动业务成长的？

要设计和实现这种想象中的企业模式，就需要对涉及人才管理的各个功能模块加以改变。你可以采用以下问题清单来评测企业的组织设计方法。

- 企业的组织模式能否确保在全球范围内实现创新、增长与生产能力？
- 企业的人力资源职能是否具备战略层面的组织设计能力，不仅了解企业的未来，同时了解在管理、领导力和组织流程等各方面如何推动必要的改革，从而实现灵活的组织设计？
- 你是否积极探求过其他企业是如何制定战略层面的组织模式的？贵公司是否采用了颠覆式的组织模式？
- 企业未来的组织模式能否提高战略层面的运营效率，并鼓励社会效益（如可持续发展、慈善价值观等）？
- 人力资源的领导者对现有的组织结构在"快速响应市场、客户黏度、决策创新回报、员工敬业度"等方面是否提出了挑战？

（三）允许规模化的社交学习

约翰·哈格尔三世、约翰·西利·布朗以及朗·戴维森在《拉动力》这本社交学习书中谈到，企业需要从关注规模效益转变到关注规模学习。要实现这一转变，"学习战略"应当关注基于规模化的学习模式，而非基于技能培训的学习模式。持续的学习须成为企业文化的内核，而不仅仅是将培训或培养当成一种流程。

让我们想象有这样一个社交化社区，其中的销售团队能通过不断试错及来自员工的（社交意义上的）经验而学习；想象一位零售人员不仅可以利用移动 APP 来推动产品更新，还可以帮助自己掌握销售技巧；想象一下这名员工在实现销售订单后立刻通过 APP 获得客户反馈，并长期跟踪进度；想象一下这次交易的数据直接和一个更广泛的专业销售员社区相连，而其他销售员不仅能从这次销售交易中分享知识，还能就此提供建议、指导或培训。

企业的人才管理者如果能利用创新的社交学习系统，那么就能变革今天的学习模式。传统的课堂教学和在线学习模式将被替换为正式或非正式的社会化学习社区。先进的社会化技术和交互式 APP 将允许企业充分利用同行授权、体验式人群学习和游戏化学习等全新的学习方式。社会化结构将使"学习指导"在企业内部产生全新的意义和作用。

从事人才管理的专业人士被寄予希望来引领组织向社会化学习转型，使企业获得规模学习的能力，主动拥抱这一变化的企业出将留住关键人才，保证他们具备领导能力。你可以用下面的问题清单来测评企业向规模化、社会化学习转型的准备程度。

- 你的学习团队是否能面向未来制定学习战略？
- 你的"学习战略"是否考虑了颠覆性技术环境下所要求的主要技能转型？是否考虑将机器人和机器学习纳入学习计划？
- 你的"学习组织"是否具备技术、能力和良好的心态，从传统的"制定公司培训内容或运行公司学习计划"向"策划与设计社会化社区与交互式教学解决方案"转变？

- 你的"学习组织"是否能积极与企业内部的重要合作伙伴协同，如沟通部门、市场营销、软件专业人士等，来设计和开发新的学习解决方案？
- 你是否能重新构思与设计激励方案，以奖励那些帮助整个企业执行学习战略的开发者或专业人士？

第二节 | 人才盘点：创造人才驱动模式

人才盘点是对组织结构和人才进行系统管理的一个过程，脱离了组织看人的话，就没有一个标准，就很难对人才进行一个评判。人才盘点也是对组织架构、人员配比、人才绩效、关键岗位的继任计划、关键人才发展、关键岗位的招聘等进行综合性考虑的项目。

一、人才盘点的含义：组织与人才的全面盘点

人才盘点，是对组织结构和人才进行系统管理的一种过程。人才盘点是对组织架构、人员配比、人才绩效、关键岗位的继任计划、关键人才发展、关键岗位的招聘，以及对关键人才的晋升和激励进行深入探讨，并制订详细的组织行动计划，以确保组织有正确的结构和出色的人才去落实业务战略、实现可持续成长。

一般情况下，人才盘点在年终做，当然也有年初做的，也有一年做两次的。但是，在年终做人才盘点，频率是最高的。在人才盘点工作中，终极目的是发现人才地图，找到两类人：一类是隐形的"超人"——"超人"的工作可能很多，绩效也非常好，充满价值感。不要忽略这种人。还有一类人就是"雷锋"，非常有奉献精神，价值观和公司文化也匹配。通过人才盘点找到人才，对下一年的工作部

署有一定的指导意义。

二、人才盘点的价值：价值和文化观的传递

人才盘点的价值主要体现在以下几个方面：首先，从公司管理的角度有效地组合人才，能够实现我们明年或者是更长远的一个经营目标。其次，基于胜任能力、绩效管理能力等的人才盘点，会让我们发现更多的人才。再次，构建模型和制订标准是我们做年终盘点的主要价值。最后，明确目标和招聘人才标准，找出现状和目标的差距，要不断缩小差距并通过人才盘点让价值观和文化得到有效的传递。

三、人才盘点的内容：现在和未来的发展盘点

人才盘点盘什么？很多人说盘绩效、能力、态度、价值观，这是我们所说的常用的东西，其实主要盘点的是人才的现在情况和未来的潜力（如图3-1）。所以，人才盘点是要用一种发展的眼光去看待人才，这也是它的价值所在——我们之前是静态地去看，或者是以过往的经验去看他以前表现怎么样。

发现人的长处和潜力是人才盘点的一个最终目的。人才盘点的最终目的不是对人进行好坏之分，只是查找人与人之间各项能力的差距。其实，人都是专才，每个人都有各自擅长的领域。所以，人才盘点基本是没有失败的，如果做失败了，就是方向错了，是因方向不对造成满盘皆输的状态！

现状	管理有潜力的人才
• 目前人岗匹配情况怎样？ • 现有的人员稳定性如何？ • 影响员工稳定性的因素有哪些？ • 员工现岗位绩效如何？ • 绩效高低的原因是什么？如何改善？	• 人才盘点的过程实际上是识别关键人才的过程。因此，人才盘点的范围不局限于关键人才，而是对全企业所有具有管理潜力的人才进行盘点，从中甄选出关键人才。 • 关键人才一般包括：高业绩、高能力人才；高业绩、中能力人才；中业绩、高能力人才。
未来	组织盘点
• 员工的未来发展方向在哪里？ • 核心骨干是谁？ • 谁可以进入人才梯队？ • 人才培养的方式是什么？	• 组织盘点，对组织战略、组织架构、关键岗位的职责、人员编制、组织氛围等进行盘点。 • 组织盘点按照战略—组织—人才的逻辑，对组织结构的盘点优先于对人才的盘点。

图 3-1　人才盘点的内容

四、人才盘点的方式：关门盘点和开门盘点

人才盘点的方式有两种：关门盘点和开门盘点。关门盘点，就是外部咨询机构找一套测评工具，或者是企业自己找一套测评工具，在业务部门做评估，评估结果完全保密。开门盘点，就是从上到下——从高管到保安、保洁都来参与人才盘点。开门盘点会给企业带来开放的心态，它一般由人力资源部提供人才盘点的方法，然后由业务部门进行主导，当然，也有由人力资源部进行主导的，这就要看人力资源部的组织能力强不强了。人才盘点会覆盖全员，包括每一个正式员工，甚至还包括实习生、外聘人员。关门盘点和开门盘点两个模式都有它的用武之地，就看我们怎么用。

五、人才盘点的 4D 模型

（一）4D 模型

4D 模型，包括人才差异、人才界定、人才开发、人才数据四个方向（如图 3-2）。

第一个是人才差异，我们要发现人才之间的差异，然后确定筛选模型和维度。

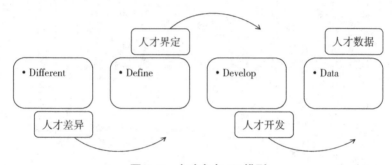

图 3-2 人才盘点 4D 模型

第二个就是人才界定，要找到人才的界定标准、工具和方法，进而界定这些人才是有差距的。

第三个是人才开发，对于被界定为优秀的人，怎么去开发他？相关的配套机制又是什么样的？

第四个是人才数据，人才数据是很关键的一步，无论是离职员工还是在职员工，他们的人才数据都要积累下来，等数据积累到一定程度，我们通过分析就能够看清我们的企业注重什么样的行为，有没有引导这些员工的行为，并让他们成为这个企业真正的坚实力量。

（二）4D 模型的工作流程及主要产出

4D 模型的工作流程如下（如图 3-3）。

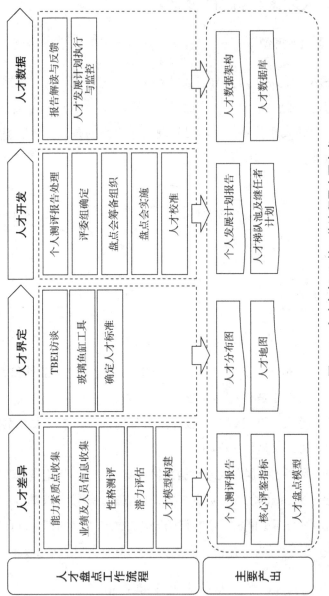

图 3-3　人才盘点 4D 的工作流程及主要产出

第一个流程是人才差异。要收集能力素质点，如关键的成功要素、诚实守信。还要做收集业绩及人员信息与性格测评工作，这里也有很多工具。如果是刚开始接触人才盘点，建议尽量弱化潜力评估，因为潜力须经过一段时间的积累才能被发现。构建人才模型，要有自己的模型和独特的逻辑，筛选人才是有一定导向的。

第二个流程是人才界定。要先做一个 TBEI 访谈，继而确定人才标准。

第三个流程是人才开发。人才开发盘点的评估委员会对人才进行校准并处理报告。

第四个流程是人才数据。通过分析相关数据，我们可以得到准确的人才报告，然后将报告反馈给个人和高管。把人才发展计划监控的数据直接保存下来，这就是 4D 模型。

1. 评估专业能力

很多人在走人才差异这一步时，就会发现一个问题：人和人之间是用什么标准来确定差异的，这会涉及组织评估内容。所以，人才盘点的过程肯定是人才评估和组织评估相结合的过程。做人才盘点工作的时候，第一步要确定岗位等级，对于岗位等级，我们不仅要梳理，也要分级分类。

人才盘点一定要定标准，这个标准就是人力资源管理的人员管理部分，而不是人本身管理部分。定好标准之后，就要开始人才盘点的第一步：差异分析——将人和标准进行对比，然后进行评审，最后应用结果。这要求我们对岗位职位任职资格和素质模型要有较深的了解，能够迅速地出具一份标准报告，然后进行人才的匹配和比对（如图 3-4）。

岗位等级梳理	任职资格标准开发	评审实施	结果应用
• 明确职务序列 • 设计职业发展通道 • 明确职务等级 • 细化职务等级 • 建立专业序列表	• 定义专业等级 • 设计等级条件 • 行为标准开发 • 知识标准开发 • 胜任素质/能力标准开发 • 标准发布	• 建立评审小组 • 员工评审宣导 • 知识认证/考试 • 行为认证评审 • 确定员工等级	• 制订个人提升改进计划 • 设计个人职业目标 • 薪酬等级与评审挂钩 • 根据标准规划课程 • 构建职业学习路径图

图 3-4　评估专业能力

2. 梳理职务序列

我们可以看一下梳理后的职务序列。岗位管理也要分级别，分成高级、中级、初级。一些互联网公司或一些创新性比较强的公司，会有一些其他类别，比如互联网公司可能更多的是运营，运营是个大类，大家会希望这个大类下面能有一些小类。这样的话，员工在晋升和盘点的时候，标准性就会强一些。可以以层级去划分整体的职务序列，但层级一般越少越好。

这就是我们所说的组织盘点。岗位盘点就是把这些岗位放进去，写清楚岗位说明书，包括岗位的标准、任职资格等。表 3-2 就是职务序列排序。

表 3-2　梳理职务序列

编号	一级	编号	二级	职　务
01	管理类	0101	高层	董事长 / 董事会秘书 / 总裁 / 副总裁
		0102	中层	总监 / 副总监 / 经理 / 副经理
		0103	初级	主管 / 组长
02	营销类	0201	销售类	区域经理 / 销售经理 / 销售助理
		0202	销售支持类	产品培训专员 / 客户服务工程师
		0203	市场类	市场策划 / 平面设计
03	技术类	0301	软件研发类	NET 开发工程师 /PHP 开发工程师 /JAVA 开发工程师 /C 语言开发工程师 /Android 开发工程师 / UI 设计师 / 软件测试工程师 / 前端开发工程师
		0302	产品策划类	产品经理
		0303	信息维护类	运维工程师
04	项目类	0401	项目管理类	项目经理 / 解决方案工程师
		0402	项目实施类	网络工程师 / 项目工程师 / 实施工程师 / 数据工程师
		0403	商务采购类	采购 / 商务
05	行政类	0501	人力资源类	HR 专员
		0502	行政管理类	办公室主任 / 行政文秘 / 总经理秘书 / 行政专员 / 前台 / 司机 / 销售文员 / 项目文员 / 项目申报专员 / 部门助理
		0503	财经类	证券事务代表 / 会计 / 出纳
		0504	法务类	法务代表

3. 构建专业序列表

专业序列表（如表 3-3）是一个比较核心的内容，能把专业序列表做好，说明其企业人力管理是比较成熟的。它最主要的一个功能就是能够把各个级别的每一个岗位级别厘清。

大型企业，也要注意管理类和其他专业类的比例。管理类人数过多可能会导致管理倒挂。这种情况会导致官僚主义，严重影响我们的企业文化。

表 3-3　构建专业序列表

类别	序号	专业序列	人数	一级	二级	三级	四级	五级
管理类	1	管理	61		组长	主管	经理	总监
	2	销售	40	销售助理	销售经理	区域经理	大区经理	
	3	销售支撑工程师	2	助理	工程师	高级工程师		
营销类	4	客服	12	助理	客服专员	高级客服		
	5	市场策划	3	策划助理	策划专员	高级策划	资深策划	
	6	平面设计	2	平面设计助理	平面设计专员	高级平面设计		
技术类	7	软件研发工程师	8	助理工程师	工程师	高级工程师	资深工程师	专家
	8	UI 设计师	6	UI 设计助理	UI 设计专员	高级 UI 设计		
	9	软件测试工程师	9	助理工程师	工程师	高级工程师	资深工程师	专家
	10	产品设计师	7	产品专员	产品经理	高级产品经理	产品专家	
	11	运维工程师	4	助理工程师	工程师	高级工程师	资深工程师	专家
	12	策划	11	助理工程师	工程师	高级工程师	资深工程师	专家
	13	编导	4	助理	编导	高级编导		
	14	后期制作	5	助理	专员	高级后期制作		
	15	编辑	4	助理	编辑	高级编辑		
	16	项目经理	4	助理	项目经理	高级项目经理	资深项目经理	

续表

类别	序号	专业序列	人数	一级	二级	三级	四级	五级
	17	售前工程师	7	助理	工程师	高级工程师		
	18	网络工程师		助理	网络工程师	高级网络工程师		
项目类	19	项目工程师	17	助理	项目工程师	高级项目工程师		
	20	实施工程师		助理	实施工程师	高级实施工程师		
	21	采购	2	采购助理	采购专员	高级采购		
	22	商务	1	商务助理	商务专员	高级商务		
行政类	23		33	助理	专员	高级	资深	

4. 通过评审员工贡献确定等级

我们可以通过绩效法、能力法、人才盘点等方式评估员工贡献，进而确定等级。如果一个公司能够准确评估员工贡献、合理制定等级，那么该公司的管理就比较高级，未来的发展也会不错。

5. 评估业绩

相对来说，目前我们企业在业绩评估方面的工作比较成熟。业绩评估后方式较多，如个人述职、KPI、360度测评等。个人述职就是员工对自己的工作现状、未来规划等进行述职，由其领导或其他同事对其个人述职进行评价。KPI就是通过员工是否完成指标来确定其工作表现。360度测评则是由上层、中层、基层领导对员工进行评价，全方位判断该员工的情况。

6. 评估态度

在评估这个环节中，通常态度评估比较多。比如，很多组织通过考勤、加班去评估员工态度，有人认为这没有意义，但是笔者认为它体现了员工的态度——把工作当一个比较重要的任务，这是一种态度。再比如，在客服人员比较多的情况下，态度评估就可以通过投诉率表现出来。另外，在一些生产型企业中，有很多高压线是不能碰的，因为一旦触碰就会产生很大的危险，所以严格遵守纪律是十分必要的。

7. 评估价值观

价值观评估越来越受到重视，因为它对企业的整体凝聚力和绩效实施的导向是非常重要的。无论是人才盘点，还是绩效考核，甚至一些奖金额度的确定，大多企业都是以正确的价值观为导向和依据的。价值观有很多种，如感恩的、狼性的、专业性的、团队文化等，这些价值观都是我们在实践中发现的。

第三节 | 任职资格

任职资格（Qualification），是指为了保证工作目标的实现，任职者必须具备的知识、技能与素质等，反映了任职者的胜任能力。它常常包括职位所需要的学历、专业、工作经验、工作技能，和能力（素质）等。

一、调研诊断：奠定基础

（一）明确目标并建立基调

把握住整体目标，才能为整个任职资格体系的构建工作奠定主基调。一般来说，任职资格体系的构建有两种类型的目标：规则新建和体系重塑。

规则新建：企业过往没有任职资格体系，或仅有零散不成体系的任职要求，或仅通过临时性政策而定却并无成文的任职要求。这类目标下常见的基调有：从无到有、规则清晰、体系配套，一般既求全又求精。

体系重塑：或是岗位、薪酬体系整体发生变化，需要配以任职资格去梳理；或是任职资格体系已经不能满足当下的需求，需要重建。

（二）调研诊断，明确基础

调研诊断的关键是内容得有针对性。任职资格的判定和体系构建是人力资源的基础工作之一，与人力资源其他业务工作紧密结合。因此，在调研中除了解背景和环境外，尤其需要关注构建和实施任职资格的管理基础和配套机制情况，以下情况须特别关注。

1. 岗位体系

- 各部门岗位设置问题；
- 岗位族类、层级的划分和划分依据；
- 岗位层级的跨度对比；
- 各序列、各层级人数；
- 有无高岗、低岗划分和分别管理的机制；
- 各层级岗位历史入岗条件；
- 岗位编制管理。

2. 薪酬体系

- 薪酬管理机制；
- 与岗位、任职资格的配套关系；
- 各序列、各层级薪酬水平；
- 薪酬管理反映的普遍问题。

3. 员工发展

- 当前员工晋升发展机制；
- 员工手册相关规定。

4. 培训体系

- 实施何种培训机制和如何实施；
- 有无培训大纲。

只有明确以上问题，才能确定组织当前是否具备任职资格开发的条件或明确开发时要注意的事项。以下简要介绍企业常见的几个问题。

- 岗位设置问题：岗位是否应该设置、设置后其职责是否清晰；
- 岗位族类划分问题：过粗或过细的划分将会影响任职资格开发的对象；
- 岗位层级跨度问题：企业过往层级跨度往往会考虑较多的历史因素，而这些历史因素在当前可能已经不适用，可重新对岗位价值进行评估；
- 培训体系问题：如果培训没有体系，那么知识、技能部分的考核和应用可能很难落实，因此在开发标准时，我们也要对其粗细程度进行相应的调整；
- 薪酬体系：如果薪酬体系暂时与任职资格没有匹配，那么在构建体系的后期还有薪酬套改的问题需要考虑。

以某公司实例为证：

（1）岗位设置问题

岗位职责过少问题：如房产租赁部的合同管理岗，工作量严重不饱和；

岗位职责过多问题：如人力资源部设置绩效管理岗，职责涵盖人力资源规划、员工绩效、组织机构、职称评审、岗位管理。

（2）岗位序列归属问题

有技术背景的管理类岗位划分界限不明确：如设备管理岗、外协技术管理岗，有的归于技术序列，有的归于管理序列；

有操作要求又有一定技术含量的岗位划分界限不明确：理化、计量类岗位既有技术含量又有操作要求，划分类别不一。由于历史因素，之前招不来大学毕业生，生源主要来自中专学校，所以这些岗位部分被归入了操作序列，部分被归入了技术序列。对于这类问题，考虑到历史情况在较长一段时间内还将存在，可以实行老人老办法、新人新办法的方式。老人一如既往，新人按照新标准规范，明确对应序列，实现逐渐淘汰。

（3）层级跨度问题

由于判断失误，该组织对岗位的期望过高，将岗位层级设得过高：如在供应商商务管理一职上设至2—6级，这个岗位被寄予了较高的期望，却找不到可以承担相应职责的人员，也无法培养。

另一种则是由于历史因素——个别人的学历等，将岗位层级放得过低，但已不符合现实情况。比如，包装设计岗跨度仅有1—2级。

二、标准开发：明确方法

（一）确定开发方法

常见方法如下：

表3-4 任职资格指标开发方法

方法	访谈说明	主要组织方式	适用性
个体开发	通过对标杆人物进行访谈，对其行为、知识、技能、绩效等情况进行总结提炼，作为该层级的标准要求 沟通确认，组织专家进行任职资格标准初步开发成功的沟通研讨，根据意见进行修订	第三方，访谈、撰写 客户，配合反弹，完成修订	开发对象：岗位类、岗位 客户书面表达能力弱，但有充分时间配合访谈的情况

方法	访谈说明	主要组织方式	适用性
群体开发	在序列中选择具有代表性的岗位，通过资料演绎归纳总结出该类岗位的任职资格标准 召开序列专家研讨会，就已开发出的任职资格进行研讨，并确认	第三方，资料调研，撰写标准客户，配合研讨、评审	开发对象：岗位类、岗位序列通用性较强，方便客户方开发较难的项目
个体与群体开发相结合	在序列中选择具有代表性的岗位与个体开发方式一致，进行访谈和提炼总结，归纳总结该岗位的任职资格 召开宣讲培训会，介绍代表岗位的任职资格，布置任务，要求专家根据本岗位特殊情况参照代表岗位进行开发	第三方、访谈，并撰写代表岗位标准，审核客户撰写的标准客户，根据代表岗位撰写本岗位标准	开发对象：岗位类、岗位用于有较大重合度，但又需单独开发的岗位

（二）访谈调研关注内容

开发往往伴随着任务访谈和资料调研，所以要提前准备访谈提纲和资料需求提纲并将其发至受访者处。

1. 确定访谈提纲：根据任职资格模板确定访谈提纲。访谈提纲一方面可起到提示作用，另一方面可提醒访谈对象提前思考和总结。访谈提纲主要有以下内容：

（1）岗位工作

- 该岗位的工作职责主要有哪些模块；

- 每个模块主要有哪些应该做的关键工作；

- 如何衡量工作成效。

（2）等级划分

- 哪些关键因素能决定等级差异；

- 各层级工作的范畴有何差异；

- 各层级做事的程度有何差异；

- 各层级具备的能力有何差异。

（3）知识、技能

- 该岗位工作必备的知识、技能、工具；

- 从员工成长的角度分析不同层级需要掌握的知识、技能分别是什么。

2.确定资料需求提纲：考虑到人力资源部门可参考的素材有限、访谈时间有限以及访谈对象表达能力等问题，所以仍有必要向专业岗位任职者提供资料。主要需要的素材有：

- 职责：岗位说明书、职位说明书、业务管理制度、工作流程；

- 员工管理：培训培养体系、考评方法、职业资格认证标准（如职称、技能等级、专业资格认证等）。

（三）访谈对象选择

在条件允许的情况下，每个岗位/岗位类的每层级分别选取几名（建议3—5名）标杆人物，其标准应当是从事本岗位本层级工作1年以上、日常工作中表现优秀、绩效良好、理解能力与表达能力较好。

三、标准评审：确定内容

这些标准在写完之后还需要最后的评审，评审通过后，这些标准就可以使用了，一般评审方式及其适合对象如下（表3-5）。

表 3-5　标准评审方式及对象

评审方式	适合对象
专家认可，部门签字确认	岗位、岗位类
组织专家集中评审，以通过率为标准	岗位类、岗位序列

四、认证实施：推进开展

认证实施当然是依据任职资格管理办法的要求进行，但在初次实施认证的时候，还应当有相应的策略以避免出现较大范围的问题。建议使用以下方法。

（一）调整实施对象

任职资格标准是相对理想化的，可能出现的情况很多，比如本层级的人不符合当前层级要求，或本层级的人远远超过当前层级要求甚至达到跨级要求。

对于不符合要求的，不能一刀切地都降级，可实行以下方式减缓冲击：

- 依据最新标准，仅针对晋升人员进行认证；
- 针对全员进行认证，"老人老办法，新人新办法"，对晋升者必须使用最新标准，而在当前级别者则可欠资套入；
- 针对全员进行认证，"老人老办法、新人新办法"，对晋升者必须使用最新标准；在当前级别者可欠资套入，但限时（如两年）要求其达到新标准要求。

对于远远超过标准的，任职资格标准在初次使用时可以允许其跨级晋升，但往后就不允许跨级晋升。

（二）模拟认证

各序列选举个别人员的材料，依据相应标准进行模拟认证，确定认证的内容和方式是否需要再次优化和完善。

（三）试点认证

选取员工素质良好、领导意愿积极的单位作为试点，对员工进行试点认证，再次确定认证的内容和方式是否需要再次优化和完善。

五、任职资格体系建设推进策略

总的来说，任职资格体系工作是人力资源的基础性工作。关于如何推进任职资格体系，笔者有以下几点建议。

第一，要借力打力：尽量让相关人员积极参与，减少自身工作量的同时也让相关人员更关注核心内容；

第二，要借势而行：在任职资格体系推进的过程中会有很多沟通工作，借领导之势加强第三方地位会利于推动工作开展；

第三，要加强宣传：项目结束后，应对任职资格体系的内容及其应用方式进行宣传，便于贯彻实施。

ORGANIZATION DEVELOPMENT OF FACTOR

第四章　LD：企业持久领先的力量

对于企业来说，其根本目的在于发展，而发展的首要任务是找到企业的源能。对于企业来说，其根本的源能又体现在哪些方面？有的人认为这源于发展方向的选择，也有人认为源能就是企业价值观的构建。实际上，企业发展的源能来源于企业内部的创新和团队成员的学习能力，它们是大多数企业的"圣杯"。然而，创新和学习要成为企业发展的源能，就须有正确的企业价值观、战略和完善的管理系统。只有这样，企业和员工才能保持轨道统一，发挥最大势能。

第一节 | 突破瓶颈：学习发展助力企业发展

企业里 HR 伙伴设计和运作的 LD 项目经常被当作可有可无的工作，而且经常被认为是有学习而无发展。很多企业运营一旦出现订单减少、财务困难等问题需要削减成本时，首先想到的就是砍掉培训费用；而优秀的企业常常作出相反的选择，利用业务减少、大家都不太忙的时候做更多的培训和学习。"磨刀不误砍柴工"，这是近些年来我们经常看到的一个现象。

相当一部分企业在自身发展的过程中遇到困境后，习惯于在战略布局和业务条线上做调整，却忽视了停止学习才是真正阻碍企业发展的根本问题。

对于企业发展来说，既要在宏观上掌控所处复杂的局面，也要在微观中解决现实问题。因此，突破企业困境就要求企业既要有战略、有理论，也要有战术、有实践、有能力，否则企业一定走不远也走不动。如何让企业家、高层管理者、中基层管理者与员工合力突破企业所处的困境？现在看来行之有效的方式依旧是学习。

一个企业是否具有竞争力，关键是看这个企业里的人是否具有竞争力、是否具有较强的工作能力。人才是企业最基本也是最重要的资源，对于一个企业来说，如何把"人"变成"人才"是重中之重，关系到企业发展的长远问题，而学习发展也逐渐成为各个优秀企业的战略任务。

一、学习与发展 or 培训与发展

很多 HR 朋友一直将学习发展等同于培训发展。其实二者并没有本质上的区别，但为什么越来越多的企业开始讲学习发展，而不讲以前的培训发展呢？

学习与发展原来的名字是培训与发展（Training & Development），偏重于企业的学习及培训工作，与传统人力资源培训对应，重点包括培训体系的搭建、员工职业发展的规划、学习型组织的建立。

其实，"培训与发展"变成了"学习与发展"，不只是换个名字那么简单，这背后的三个主要原因揭示了这一人力资源职能的巨大改变。

首先，这是组织的需要。学习型组织是于 1990 年在美国《财富》杂志的一篇文章中首次被提出，之后被普遍认可的一个概念。它所产生和被认可的条件就是知识经济、互联网经济以及新技术革命所带来的环境的急剧变化和高度不确定性。组织必须具有学习和应变能力才能在这样的环境中生存；必须具有学习和创新能力才能在这样的环境中发展。组织不会学习，真正学习的是组织里的人，组织需要提供鼓励学习和创新的条件和氛围来支持员工的学习和改变，从而使组织具有在急剧变化和高度不确定性的环境中生存与发展的能力。

其次，这是以学习者为中心的学习理念。传统的培训是以组织为中心，员工多半是被动地接受培训，通常效率低、效果差；而学习的理念强调以学习者为中心，培养和调动员工的内在动力和学习愿望，在实现组织能力提升的同时，更加注重学习者个人的成长和职业发展。

最后，学习的方式已经变得越来越多元化。培训、辅导、讨论、读书、线上学习、在岗学习、虚拟学习小组、轮岗、导师制、师徒制等，完全超出了传统课堂培训的范围。另外，实践已经证明，学习更多来源于工作生活实践，约占70%左右，另外30%来自其他方式的学习。同时，培训这一传统的学习方法也得到了全面的改进，除了保留讲师授课外，互动、讨论、辅导、情景模拟等学习方式也已被带进培训课堂，成了现代培训课堂上占用时间比例更大的学习方式。

每个卓越的企业都是一所学校，它不仅生产优质的产品，还培养高素质的人才。生产产品是为了服务客户、为股东赚取利润、为雇员创造就业，而培养人才除了能够帮助组织为客户生产更好的产品、为股东创造更多的利润、为雇员创造更令人满意的就业外，还能帮助雇员成就自己的人生、为社会培养更多的专业人才。

前半句好理解，但对于后半句就会有不同的声音。有些企业会抱怨，自己辛辛苦苦培养出来的人才，没几天就跑了，甚至跑到竞争对手那里去了。问题是他为什么会跑？员工知识技能水平提高了，市场价值就提高了、他需要的工作平台就变大了。你给付的工资提高了吗？你提供的工作平台变大了吗？所以，学习的成本不仅是培训费用和组织提供其他资源的成本，还包括能力提高后薪水的增加，而直接回报就是他为企业创造价值的能力提高了，他可以为企业创造更多的价值。另外就是社会价值，卓越的企业一向重视自己的社会责任、员工个人的成长与发展、自己在员工生命旅程中所扮演的角色。其实，这些看似没有功利目的的付出，都会得到最好的回报。

二、LD 工作应关注的十个方面

了解 LD 理论重要性的同时，在学习发展实际工作中也需要系统、细致地关注以下 10 个方面：

1. 组织需要 VS 个人需要

企业根据自己要完成的战略目标和具体任务来界定自己对能力的需求，进而盘点现有人才所具备的能力，找出差距。哪些需要外部招募？哪些需要内部培养？哪些需要外包或购买咨询服务？这个需要内部培养解决的部分就是我们制订组织学习计划的基础。

和组织能力提高的需求或许不同，员工的需求是缩小员工的职业发展意愿和现有知识能力水平的差距。这两个目标大多数时候是一致的，但当这两个目标有矛盾时，企业一般的做法都是更加注重学习与发展对组织的价值，先满足企业自身生存和发展的需要，同时尽可能地关注和支持员工个人的成长与发展。而在执行"学习计划"的时候就需要管理者转变视角，更多地采用以员工（学习者）为中心的学习方法和路径，充分调动员工的内在驱动力。

现在的许多发明和创新都不是来自纵向维度上的深入挖掘，而是来自不同领域之间的跨界连接。跨界连接需要有跨界思维，需要员工具有不同领域的知识和技能来支持，所以领先的高技术企业都鼓励员工跨界学习——既鼓励员工为现有工作的需求而学习，也鼓励员工为个人兴趣和将来的职业发展而学习。比如，一个财务人员，可以根据自己的工作需要参加财务领域的学习和培训项目，也可以根据自己的兴趣参加人力资源或市场营销领域的学习和培训项目。在研发部门，不同技术领域的跨界学习就更加普遍了，不同领域的碰撞会产生思想的火花，很多发明与创新就是在这样的学习基础上产生的。更确切地讲，跨界的概念还是基于传统上对"界限"的认知，真实的情况是知识的边界正在消失，或变得越来越模糊。跨界学习是组织发展的需要，也是个人成长的需要。这在让员工有更多选择机会的同时，也要求员工有更强的自我管理能力、承担更多的责任，最终实现组织的有序管理和个人的充分自由，使组织和个人实现双赢。

特朗普"美国优先"的口号在美国精英的眼里为什么是错的？因为他犯了一个常识性的错误——请问有哪个美国总统不是美国优先呢？他们都是美国优先，可人家为什么不喊"美国优先"的口号？因为没有一家伟大的公司是以赚钱为愿景的，也没有一家伟大的公司是不赚大钱的。愿景一定是远大而高尚的目标——"让天下没有难做的生意"（阿里巴巴）、"为客户利益而努力创新"（联想）、"帮助杰出的公司和政府组织更为成功"（麦肯锡）、"让世界更加光明"（通用电气）。所有这些公司，少赚钱了吗？愿景在远方，赚钱在路上。学习也是一样，组织能力的改变只能通过个人能力的发展来实现，我们必须强调学习对每一个个人的价值和意义，这是学习的终极目的，也是学习的愿景。同时，管理者有责任把个人的学习努力引导和推动到组织需要的方向上来，让组织需要在个人成长的路上得到满足，也让个人在组织发展中有更多成长的机会。

2. 提高能力 VS 改变态度

一种普遍的认识是，企业培训只能解决知识技能不足的问题，对工作态度的意义不大。这句话基本正确。知识技能可以通过培训来提高，但价值观一旦形成就很难改变，而态度的基础是一个人的价值理念。之所以说基本正确，一是因为培训一样可以影响态度，如果和合适的管理环境相配合的话，效果会更好；二是学习的范围要远远大于培训，如果课堂培训基本解决不了态度改变的问题，其他的一些学习方法和路径是可以在一定程度上影响和改变态度的，即使深层的价值理念依然没有被改变。比如，挑战性工作实践、高强度体能训练、强迫性学习等都有助于改变一个人的心理状态和工作状态。

态度改变涉及冰山模型水面下的深层素质，那些并不严重触及实际利益和内心痛处的心灵鸡汤和励志演讲可以让人如沐春风，却不能产生有效和持久的效果。真正的改变往往是从细小的行为开始，在内在意识、外在激励以及强力约束的共同作用下，让行为持续发生，日久形成惯性，最终固化为习惯。行为改变了，久而久之，或许价值理念也会慢慢受到影响。

3. 弥补短板 VS 发展强项

企业的学习除了要弥补自己的短板以外，更多的应该是关注自己的强项。组织的核心能力即使已经很强了，也要通过学习的努力使之更强，更何况尚未真正建立自己的核心能力或核心能力还不够强的企业，这是需要长期关注和持续努力的一个方向。另一个就是弥补短板，这是当务之急，短期内要更加注重对短板的弥补，特别是那些会威胁到生存的短板。两个重点，短板和核心能力（核心领域），它们有时是重合的，这就更加需要被放在优先的位置。

然而，一些企业往往只看到了短板，把培训（学习）当成救火，哪里出问题就赶紧在哪里做培训，以为培训是一个可以救急的方法。殊不知，"十年树木，百年树人"，组织学习类似中医中药，一定要立足于长远、着眼于整体，而不是止步于"头痛医头，脚痛医脚"的短期行为。企业的入职培训、晋升培训、转岗培训、专业技术技能培训、领导力发展培训等，都要基于整体和长远的考虑，而不只是针对组织眼前的问题来设计。

4. 脱岗学习 VS 在岗学习

组织的学习是脱岗学习和在岗学习的结合，也是理论学习和工作实践的结合，二者缺一不可。脱岗学习常常是人力资源部主要关注的学习项目，因为它常作为人力资源部的工作业绩被呈现在工作总结和月度年度报表上，但更重要的学习路径却是在岗学习（On the Job Training, OJT）。在岗学习对组织的文化和领导力有更高的要求——

组织要有鼓励学习、赞赏学习的氛围，领导要有发展下属、成就下属的愿望和辅导下属、激励下属的能力。直线经理的这种愿望和能力是在岗学习取得成效的关键因素，甚至可以说，对组织学习负有责任的领导者和领导团队处于什么样的水平，组织的学习能力就处于什么样的水平。

判断一个组织有没有学习能力、是不是学习型组织，一是看它的文化，二是看它的领导团队。要很好地完成 HR 学习与发展这个模块的工作任务，仅仅增加学习时间和学习项目是远远不够的，它们必须关注文化的培养和领导团队建设，使组织文化更加积极、更具包容性、更关注人的成长与发展，使每一个管理者都值得下属学习，都有成就他人的愿望和辅导下属的能力。

5. 个人学习 VS 集体学习

学习的效果最终一定是体现在每一个个人的改变上的，但学习的路径却可以分为个人学习和集体学习，组织学习是个人学习和集体学习的结合，这两种学习路径各有优点。个人学习是传统的学习方法，简单、方便，对条件的要求不高，不易受其他人的干扰，是"独上高楼，望断天涯路"；集体学习（互动学习）是思想的相互碰撞，是相互学习、相互促进和相互激励，对大脑有更强的刺激，更容易让学习者掌握所学的知识和技能。读书、微课、网课，甚至传统的授课式培训等，都是个人学习；而讨论、辩论、辅导、分享、多人情景模拟等，是集体学习。

组织学习的形式离不开个人学习，但企业更大的责任是组织和鼓励集体学习、创造集体学习的条件和适合集体学习的氛围。比如，一些高技术公司在办公场所设计了很多适合团队活动的硬件：休闲会议室、咖啡屋、适合小团队聚餐的餐厅、吸烟室等；而软件设计方面有自主型体育俱乐部、团队活动基金制度，还会定期或不定期举行主题沙龙或论坛，建立内部顾问制度、内部导师制度等。

6. 内部资源 VS 外部资源

企业培训首先要尽可能地利用自己的内部资源，创造一个相互学习、乐于分享的组织氛围，所有经理人员和高级技术人员都要自觉地承担企业培训和专业指导的责任，并在人力资源管理政策和流程中高度赞赏和鼓励这种行为。一提培训就会让人想到花钱派人出去培训，或请讲师来企业授课，其实内部培训是企业培训的主要部分，内部培训师才是企业培训任务的主要承担者。内部培训师更了解组织的问题、更了解学员的状况，更有可能有针对性地进行培训和指导。内部培训师（顾问）制度是一种多赢的学习模式，教学相长，培训者要认真学习、自己不断提高才能有更好的表现；学习者有了向身边人学习的机会，也便于持续学习、不断改进；组织更是因内部培训制度而受益——以最小的投入收获了最大的回报。

建立内部培训师制度，不仅需要管理人员和核心技术人员具有很强的专业能力（肚里有货），也需要他们有很好的指导和辅导能力（讲得出来）。西方公司非常看重管理人员的这种辅导能力，一家著名管理顾问公司的调查显示，管理人员是否懂得教练技术、是否拥有辅导能力是影响员工满意度和敬业度、影响组织的绩效管理水平、影响组织的领导力和执行力的第一因素。内部培训师的选拔与培养是内部培训制度能够取得成功的关键，而教练技术的提高又是这个关键中的关键，应该得到领导者和人力资源部门的足够重视。

他山之石，可以攻玉。慎用、用好外部学习资源对任何一个组织都是必不可少的。在企业内部没有合适资源或根本没有资源的情况下，派人外出参加培训（个别需求）或聘请外部培训师来企业做培训（集体需求）都是利用外部资源的方法。注意，签约培训服务公司一定要签到培训师本人，而不只是找一家或几家公司，然后就把培训任务委托给他们，否则他们很有可能把自己的利益最大化，派给你最廉价的培训师。外聘顾问、购买顾问服务是另一种利用外脑的方法，这种做法在外企一直非常普遍，现在也已经被越来越多的国内企业所接受。分享经济和网络技术将使越来越多的一流人才脱离具体的企业而成为独立的顾问或顾问公司的签约顾问，在许多非企业核心业务的专业领域，你没必要花高薪去雇佣一流的专业人才，只要在需要时购买他们的服务就可以了。

7. 发展天赋所在 VS 发展兴趣所在

天赋已经被证明是一个人取得成功的关键因素。发现员工的天赋所在、开发员工的天赋是每一个管理人员的责任和组织取得成功的重要因素。这一点在一家排名前三的世界级人力资源咨询公司的年度报告《2016 人力资源管理 27 个趋势》中有清晰的表述：找到并雇佣那些天生就适合做某项工作的人，并使其为组织所用，将成为未来对人力资源工作的一项新要求。

如何发现一个人的天赋优势在哪里？从两点来观察就基本可以确定，一是看他做什么事情明显比做别的事情更加专注，二是看他做什么事情明显比其他人做得更快更好。其实兴趣有时候就是天赋的一部分，女孩子天生喜欢洋娃娃、喜欢花，男孩子天生喜欢刀枪棍棒，都是天性使然。"用人所长"在新的时代被赋予了新的意义，那就是开发和利用员工的天赋优势，这必将给组织的人力资源管理带来新的机遇和新的挑战。

然而，一条鱼的梦想更有可能是在天空飞翔——人经常是越没有什么就越想得到什么，兴趣和天赋常常是不一致的，这个时候我们就需要帮助员工去发现自己、认清事实，作出尽可能保留或靠近梦想的、现实的选择。兴趣和天赋也经常是一致的，一致的人是幸运的，那些能够做自己喜欢的事，还能有一份不错的收入来养家糊口的人，才是世界上最幸福的人，因为他们更有可能把事情做得更好。"知之者不如好之者，好之者不如乐之者"，说的就是这个意思。

鱼或许并不知道自己是游泳高手。很多人也许并不知道自己的天赋所在，或对自己的天赋缺乏足够的认识，或对自己的天赋习以为常、觉得那不过是一些大家都具有的能力。"不识庐山真面目，只缘身在此山中。"管理者有责任通过对员工的辅导，和员工一起发现他们的天赋所在，并充分开发和利用他们的天赋优势，在支持组织健康可持续发展的同时，实现个人的不断成长。

鱼要是不努力跃出水面尝试飞翔，就不会知道自己是一条飞鱼。天赋并不像身高、长相这些外在特征可以被人轻易地观察到，很多时候，天赋是作为一种潜能被隐藏起来的，只有付出足够的努力，你才有可能知道你是不是拥有某些方面的天赋。海明威对他的学生说："要成为一个作家，你需要努力，也需要天赋。"学生问道："那我怎么才能知道自己有没有天赋呢？""你心无旁骛、专心致志地写上五年，如果你还是不能写出什么像样的东西，就说明你没有天赋。"海明威的回答清晰地告诉了我们天赋和努力的关系。

"兴趣是最好的老师"，但兴趣不能只停留在思想中，而要表现在实际的行动上。当兴趣和愿望变成了一种持续的努力，你就等于在天空中挥舞起了自己的一只手，你才有可能去拍响命运那只看得见或看不见的手，那只手是你的天赋、也是你的运气。

8. 强迫学习 VS 自主学习

强迫学习（Coercive Learning）是沙因教授提出的一个概念，他曾在我国的抗美援朝战争中担任美军的心理医生，负责辅导那些被释放的战俘。强迫学习的另一个名字叫洗脑（Brainwashing）：个人或集体在威胁与高压下自觉或不自觉地被说服，做出暂时或永久的观念和行为上的改变。沙因博士曾在一篇发表在《哈佛商业评论》的文章中表述了这样的观点：一个成人通过普通的学习路径很难做出根本性的改变，除非有另外的、更大的恐惧和焦虑让他能够战胜对改变（学习）的恐惧和焦虑。

我们有相当一部分成功的制造型企业都或多或少采用过强迫学习的方法。记得有一家著名的内地制造企业，几万人的员工队伍，一年连一起劳资诉讼都没有。一个深圳的朋友曾在这家公司做了一年的人力资源总监，发现他们3个月的入职培训就是一个洗脑的过程，新编的"三大纪律 八项注意"每天都要唱并且要不折不扣地执行，违规违纪者会立即受到严厉的惩罚。值得一提的是，这家企业的薪酬福利待遇要明显高于当地的其他企业，或许这也是他们洗脑式培训得以成功的一个重要原因。

强迫性学习有3个主要特征：一是要让学员认识到改变的巨大好处和不改变的严重后果，动之以煽情、晓之以此理、不要思考；二是管控学员的时间和空间（活动和信息），让学员拥有敬畏、学会服从、消除怀疑、立即行动；三是制造强大的氛围和气场，让学员相信组织是强大的，个人是渺小的，个人只有融入集体才能强大（生存、安全），个人根本没有任何反抗的能力和反抗成功的可能。

从积极的层面讲，强迫学习就是通过施加外部压力（威胁）来促使学习者做出组织期望的改变，它的一些方法对改变人的行为有效果，在特定条件下甚至很有效果。比如，在很多工厂的入职培训中都有军训的内容（通常是对蓝领工人进行培训），那就是在强化他们的行为规范和服从意识。再比如，竞聘上岗，能者上庸者下，那就是以下岗的威胁来促使竞聘者提升能力和改善绩效。

强迫学习的人性假设是人性本恶，"员工不会认真完成你交代的工作，只会认真完成你要检查的工作"。在这个快速变化、极不稳定的商业环境中，员工拒绝学习、惧怕改变，对企业来讲是非常致命的缺陷。要不要给员工压力？要不要使用威胁的方法？我个人的经验是，压力应该有，威胁也不能没有，但最好不用，能够通过调动员工兴趣、激发员工愿望解决的问题，就不要启用威胁和压迫的手段。但这种手段就在那里，使用的条件也在那里，而且要让员工都清楚地知道。

自主学习是以人为本、以培养自觉自励和健康健全的人为目的的学习方式。自主学习的人性假设和强迫学习的人性假设是不一样的，它相信人天生具有好奇心、渴望学习和改变而不是相反。外因只能通过内因发挥作用，离开员工的学习愿望和学习兴趣，企业所有涉及学习的努力都无法真正转化为员工能力的提高和素质的改善。所以，组织的学习管理者在制订学习计划、设计学习方案时，一定不要忘记所有这一切活动的中心是学习者，确保围绕这个中心就是通过充分的沟通和普遍的参与来设计有针对性的、学习者喜闻乐见的学习内容和学习方法，甚至连时间和地点这样的细节也不能放过。当然，组织的目标是管理者时刻不能忘记的，一定要确保组织目标的实现就在路上。

9. 功利性学习 VS 非功利性学习

学习是为了更好地工作。学以致用，这是功利性学习——上大学时 60 分万岁，考试前突击，目的就是确保门门通过，拿到文凭；埋头写作，就是为了好在一线杂志多发表文章以取得评教授的资格；读专业书籍、参加专业培训、提高专业技能，吃饭就靠这点儿本事了；"学好数理化，走遍天下都不怕"。这些旨在获得某种物质利益和解决实际问题的学习，都是功利性学习，企业的学习基本可以归为功利性学习。功利性学习的效果检验就是看功利性的目的是否能够达成，比如质量管理的培训效果要以产品合格率的提高为衡量依据，而领导力发展的学习效果就很难从单一指标中获得验证，除非它是一个有预设问题、有针对性的领导力发展项目。

而读无用书、操古人心、忧天下事，这是非功利学习。非功利性学习没有利益得失的困扰，是一种更自由、更随意、更积极、更愉快的学习。所谓非功利并不是一无用处，只是相对于功利性学习的物质性和目的性而言，非功利性学习的效用没有那么实际。如果把功利性学习比作种粮食和养猪，那非功利性学习可能就是种花和养狗。我曾在一次读书沙龙活动中对我们年轻的同事讲：无论从时间还是空间上说，我们的生命都是非常有限的。读书就是间接地扩展了我们有限的生命，读古人的书我们就间接经历了几百甚至几千年的历史，读别人的书我们就间接体验了几千里甚至几万里之外的世界。好奇心、求知欲是人的一种本能，无论它把我们引向何方，跟随着它，在没有物质利益和物质诱惑的地方，只有风景，没有陷阱。

10. 线上学习 VS 线下学习

网络时代的学习不可能不触网，而且各种网络学习的产品如潮水般涌来，大有气吞山河之势，或许在不久的将来，网络学习将会替代课堂教育、读纸质书，成为最主要的一种学习方式。企业的管理者和 HR 专业人员要时刻关注新技术对组织学习的影响，并适时地让这些新技术为企业所用。

奈斯比特说："视频会议不可能取得真正的成功。"人首先是情感的动物，其次才是理性的动物，没有面对面的交流，就不可能进行深度的沟通、获得真正的理解。网络学习基本上是个人学习，建立在网络基础上的虚拟学习团队也算不上真正意义上的集体学习。英国石油公司的做法是建立自己的内部网络学习平台，提供数千本书和数百种培训课程；同时，他们也在线下提供面对面讨论和分享的机会给那些有相同学习方向和学习兴趣的员工，做到线上和线下的紧密结合。

人力资源管理的方方面面是一个有机的整体，尽管我们把它们分开来单独表述，但我们必须清楚地知道它们是环环相扣、密不可分的。人类社会的所有进步和改变都离不开人的学习和发展，发展人、关注每一个员工的健康成长是优秀企业不可或缺的社会责任，也是企业发展组织学习能力、赢得市场竞争和保持可持续竞争优势的必要手段。

三、瞬息万变：学习与发展工作面临持续挑战

随着 95 后、00 后逐渐成为当今职场的中坚力量，企业是否有独特的凝聚员工的手段也是员工评估企业的重要因素，但学习与发展部门却不一定能轻易做到。

学习与发展部门要在扩大规模与增加黏性之间进行权衡取舍，这是不可避免的。在资源（时间、金钱、人力）有限的情况下，想要每次都及时为所有员工提供优质的、个性化定制的、极具黏性的学习内容是非常困难的。

要按时为数以千计的员工更新培训内容本身就是一个不小的挑战。奋战在开发新产品及更新软件等工作岗位上的伙伴想必会非常同意这一点。而随着内容的改进，还要及时修改并推出基础的学习版本，这已经让人不堪重负，更不要提还要进行内容的个性化定制了。

另外，像这样的应急更新的结果，就是组织存储了高达几千个小时的大量一级学习内容——很多大型组织都难以对其庞大的数据库进行分类和归档，就算他们花钱制作引擎来做数据的整理，但是究竟又有多少员工真正地学习了这些内容呢？

在过去几年内，一部分企业一直利用学习管理服务来有效解决规模的问题。机器学习服务（Machine Learning Service，简称 MLS）也被视为提升学习内容适用规模的低成本方案。

这种方案还带来了许多额外的收益，如内容标准化、培训集中化、为服务范围外的目标受众提供培训、帮助企业的学习与发展团队摆脱技术问题，能在战略性项目中投入更多的精力。

尽管 MLS 学习管理服务行业发展得如火如荼，以一种"工厂化模式"为培训提供了极大支持，近年来仍不断有新技术出现在我们面前——增强现实/虚拟现实技术（AR/VR）、游戏化、合作引擎、人工智能（AI）、机器学习和大数据促使我们的学习变得更加身临其境、智能非凡。

然而，一方面，这些技术的成本仍然较为昂贵，想要创造浸入式的学习体验也不是一天两天的事；另一方面，传统的线上培训或以讲师主导的课堂培训也没有与这些技术同步发展。

那么，未来的培训究竟会朝着什么方向发展呢？

这些技术进步的速度非常快，几乎每个季度都会出现新的设备、新的平台和新的商业模型，我们很难看清究竟未来会变成什么样，但是只要坚持以下几件事，学习与发展部门就能确保自己不落人后。

1. 从范式转换开始：学习与发展的革命正在拉开序幕。我们要全方位地关注各种变化，包括学员人口构成、商业情况、战略重点、技术发展和培训理论，最终画出中期或长期的发展蓝图。时不时地自我回顾与审视可以帮助你打磨新意识，是一个非常好的出发点。

2. 有效地传达新观点：范式转换需要新观念的布道者。他们要具有前瞻性的领导力。此时，学习与发展部门的领导者要勇于综合管理各项职能，让自身的工作与组织目标保持一致，并建立能够促成业务结果的解决方案。这时候，我们应该让高层管理也参与到其中，塑造未来"学习组织"的愿景。

3. 在基础设施上发力：很多组织的 IT 基础设施和学习与发展的

建设需求是不匹配的。很多新学习技术，如游戏化、AR/VR和大数据等都因为IT基础设施的有限而难以发展。

学习与发展部门必须与IT部门紧密合作，让基础设施能够良好、正常地运转。这其中可能包括升级LMS学习管理系统，也可能包括使用新的云平台来增强LMS，而这其中必然包括对新设备的投资。

4. 搜集数据：十年来，培训的投资回报率一直是行业讨论的热点，但目前在如何创建计算其投资回报率的可持续性解决方案上并没有更多的进步。大数据和机器学习现在可以用来解决这一问题。

但是，是否要创建ROI（投资回报率）计算模型需取决于学习与发展领导者是否有这样的洞察力与魄力。这可能意味着你需要重置系统以进行深入调查、认证以及对学员生命周期中的多个节点进行抽查。同时，你可能还需要一名专业的数据师来对数据进行分析，输出报告。

我们需要避免以下事项。

1. 不要对新技术"三心二意"。说到可能让你倒退的风险，首先就是零散性的试验使用，我们必须抱持着坚定的信念去工作。挑选合适的项目，确保这个项目将会成为你希望实施的新模型或新技术的旗舰产品；对项目进行通盘考量，做好实践计划，为之创建一个可见效的试行项目；有意义地对产出进行测量。更重要的是，要从头到尾地参与到其中。

2. 不要假设学习类型/偏好学习。经常听到业务部门抱怨："这个我们不适用——我们的组织文化不一样。"这是误解。要克服成见，你要与目标受众交谈，了解他们的需求、学习他们的偏好、欢迎他们参与到研发中来，要仔细观察组织内部的洞察力。

3. 不要纠结于量。俗话说："如果没坏就别修。"这种传统的方法可能并不适合你探索新的培训方式。拿软件培训来举例，一整套培训包括了"展示—使用"模拟、课堂培训和沙盒体验。如果我们换一种方法，直接构建用户，就可以很快弄懂软件使用的游戏化沙盒模拟，并建立一个排行榜让学员互相竞争，行吗？又或者，通过业务专家和用户众筹来提取内容，行吗？还是，每周进行线上培训，让学员做报告并提出问题？

四、一步到位：抓住学习发展的核心原理

有研究表明：在一定时期内，工作后再次脱产学习的成人的数量与经济发展有着此消彼长的关系，当经济不景气的时候，有一部分已经工作的人会选择脱产再深造，以待将来就业的时候更加有战斗力，还有一部分会选择在岗学习。近几年，我国整体经济发展趋缓、压力增大、实体经济不振，企业越发需要提升核心竞争力，提升核心竞争力的核心在于人才的培养，而企业人才培养的主要方式是培训。企业培训针对的是在岗的成人，成人的培训是建立在成人学习的特征上。那么成人学习有什么特征呢？

首先我们要了解关于成人学习与儿童学习的不同之处。

第一个不同之处：儿童的学习是根据不同年纪的学习大纲展开的系统性学习，因此儿童对学习的内容没有很强的目的性。企业的培训是与企业的战略目标和业务目标紧密相连的，因此成人的培训具有很强的目的性，需要把所学到的东西尽快地应用到工作中去。

第二个不同之处：根据美国心理学家卡特尔提出的智力理论，在25岁之前，流体智力和晶体智力都会随着年龄的增长不断增强，而在25岁之后，代表类似运算速度、推理能力等以生理为基础的流体智力会减退。代表类似语言、社会职能等的晶体智力不会随着年龄的增长而减退。因此，儿童正处在晶体智力和流体智力上升期，有很多知识需要进行理解记忆，所以儿童会采用记忆为主练习为辅的学习方式，

而成人的学习方式则更倾向于通过大量的练习来加强记忆。

第三个不同之处：在学习之初，儿童就像一张白纸，对新学习的知识知之甚少，而成人已经具有一定的知识经验，遇到不知道的事物，首先会在网上查一些相关资料，所以成人的学习是从知道到应用的过程。

第四个不同之处：从学习效果来看，儿童学习属于宽大碗口式，接收到的基本都会吸纳进去，而成人学习则属于窄口花瓶式，是有选择性地吸收部分。

最开始对成人的培训是基于儿童学习理论展开的，但鉴于成人和儿童学习的差异，组织需要分析出成人自身的特点，然后展开相应的学习培训。美国成人教育之父马尔科姆·诺尔斯在代表作《被忽略的群体：成人学习者》中对成人的学习原理进行了详细的解说和深刻的总结，他认为成人学习有9大特征。

第一，知道学习的目的和原因。成人的学习动机是基于工作的需要，是自我导向性的，随着个体的成熟和独立，成人学习者在多数情况下能主动分析自己的学习需要，树立明确的学习目的，对学习效果有很好的预期。

第二，感觉有现实或迫切的需求就回去学。社会压力是促使成人学习的主要原因，并在学习的过程中提供持续的推动力。

第三，对学习内容的实用性和结果特别关注。成人学习面临着社会制度约束和个体学习需求之间的矛盾，因此，他们必须考虑学习投入与学习产出之间的经济效益问题。

第四，乐意表达个人意见，使人感觉其存在价值。成人对很多事都有自己的看法，他们在工作学习中会更加愿意跟大家分享，这一方面能够相互学习，另一方面也能够展示自己在某方面的才能，赢得大家的尊重。

第五，拥有丰富的经验，喜欢将新知识与经验做比较。已有的经验对于进一步的学习者来说，既具有积极意义，也可能造成学习障碍，它将直接影响学习者对新知识的理解和归纳，进而影响学习的方式和态度。

第六，喜欢按自己的方式和进度学习。成人学习是自我导向性、工学兼顾的学习，因此需要灵活的学习时间和学习方式，而且自主性越强对结果的期待越高。

第七，年纪越大，对于复杂动作的协调性越差。随着生理的成熟，成人的感觉器官开始慢慢衰弱，特别是视觉和听觉。研究表明，不同年龄人群学习能力的差异主要在于知觉、注意力控制等方面。对于操作技能的学习，年龄越大难度越高，这与人的生理机能是密切相关的。

第八，在轻松、愉悦和友爱的环境下，学习效果更好。成人学习是在适应社会变化的外在动力和自我需要的内驱力作用下，迫使自己产生强烈的学习欲望的，但是由于成人要兼顾学习、工作、家庭以及扮演多重社会角色等方面的原因，学习过程中的"工学矛盾"特别突出。因此，一个好的氛围能让成人更好地参与到学习中。

第九，节奏和进度的掌握影响整体效果。通常年纪大的人似乎更多地忽略错误而不是回答错误，就是说他们对错误根本没有反应而不是产生认知。如果允许他们自定义学习速度，这种错误往往会明显减少。所以，即使他们有很强的学习目的，但是如果速度超过了他们生理能承受的范围，就很容易产生器官和心理的疲倦。

成人一系列的学习特征，都是培训工作非常有价值的参考依据。

在此，我们以 RSMPAF 六度学习设计原则为例，来说明成人学习特征对人才培养的指导（如图 4-1 所示）。

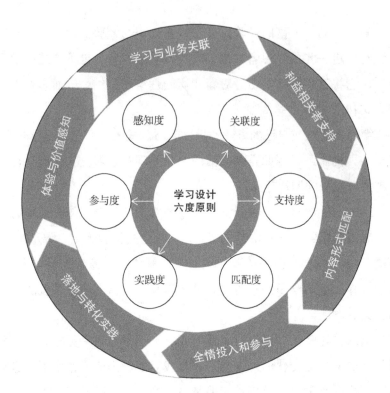

图4-1 六度学习设计原则的学习项目设计思路

（一）关联度（Relevance）

成人学习目标导向很强，大多数追求"实用主义"。情境教学理论认为，学习也是在情境中发生的。以学生为中心的环境推崇包含知识运用的真实实践，而不是把知识当作孤立内容进行处理、推敲和检索。所以，关联度就是要解决我们的知识内容需要和学员的哪些情境关联的问题。进一步看，组织中的学习项目需要赢得中层、高层的支持，就必须要使学习和组织的目标关联起来。所以，在组织中的学习设计相对复杂，就是因为既要关联组织的需求，又要关联学员的个人需求。

基于这样的假设，第一个层面的关联就是要和组织的战略进行关联，而组织的战略不仅仅表现在公开的各种报告中，同时还体现在高管在不同阶段的主要关切上。所以常听高管的讲话、常常站到高管的角度来思考问题，对于学习设计师而言是非常有必要的。不管是企业内部的培训管理者还是第三方的培训机构，如果要将学习项目做成精品、亮点，做到有影响力，就最好能够关联组织战略，当然，关联度的高低又决定了影响力的高低。所以，很多公司的学习项目，会在前面加一个定语，如"转型期""变革期""支撑战略的""互联网时代"等，这也是主动关联企业战略的表现。

第二个层面的关联是和业务层面的关联，就是学习项目和业务的运营情境、学员日常的工作痛点相关联。具体来说就是每个知识点要解决学员的什么问题，学员学了以后能够在哪些实践情境中去使用。现在有很多学习项目甚至会将业绩目标作为培训的目标，比如银行客户经理培训，培训周期3个月，就将存款数、新增客户数等作为学习项目的目标，而培训的内容会与学员指标的完成密切相关。

在培训的过程中，学员不断会问"What's in it for me？"，所以在学习项目设计之初、在培训开始之前就要告诉学员，学习项目到底与他（她）有什么关联。

（二）支持度（Support）

没有支持，就没有结果。在企业内部的学习项目中，我们是希望通过学习的方式来解决实际问题的，这个解决过程也是一个系统工程，不是靠一个培训经理或者一个项目组就能解决的。

有不少朋友说，搞培训就是做人的工作。我们当然不能绝对地看这个问题，但是要说明的是，其实所谓的专业就是解决问题，而培训的问题就是人的问题。我们不管面向什么样的学员，其行为的改变、绩效的提升也需要在组织环境中、在团队中完成，所以自始至终我们都需要关注利益相关者。

要找到我们的朋友，扩大在组织内的朋友圈。在项目设计过程中，要扫描一下整个组织，判断需要得到哪些人的支持、需要得到哪些支持，他们关注什么问题，如何才能赢得其支持。正如前文所分析的，最为关键的当属学员的上级，他们在整个项目中参与得越多、参与程度越深，学员的学习效果越好。那如何才能赢得他们的支持呢？他们对于学习项目有什么样的期待呢？

（三）匹配度（Matching）

匹配度要解决的是在挖掘出真实的学习需求后，匹配什么样的学习内容和学习形式以真正解决实际问题、带来利益相关者想要的结果。所以，匹配度是在关联度和支持度的基础上进行设计的。

学习内容的匹配对所有学习设计师都是一个挑战，需要说明的是，不是说看到一个学习内容就想到去找课程找老师，有很多内容也许不是通过灌输而是需要通过研讨才能获得的。而且还要意识到"纯知识不等于技能""流程不等于技能"，比如学员能学习了很多非财务的知识，但是管理干部需要的不是这些财务知识，而是如何读懂报表、如何提升业绩，这是他们的工作情境；再比如学员可能学习了拜访客户的流程，但是这不一定能够带来一次成功的拜访。所以，在匹配学习内容时需要注意，不要盲目地认为让学员学习了一些知识，问题就解决了。

在学习资源方面，我们的建议是除了少数创新性的前沿知识内容和精品的版权课程需要引进外部学习资源外，大部分都可以通过内部方法论解决，这就要求企业内部培养大量能够提炼、总结自己的方法论的内部讲师。当然，即使是内部讲师提炼的实战性的方法技能也有适用边界问题。在涉及具体的学习设计时，要考虑不同的学习内容适用什么样的群体、能帮其解决什么样的问题。在寻求外部专家和学习资源时，同样需要不断地问这个问题：这个老师的内容适合我们的学员吗？除了请老师来讲课外，还需要采取哪些措施才能带来业务部门想要的结果？

关于学习方式的匹配，互联网时代学习方式越来越多，包括直播、微课、大咖秀等新兴的学习方式。混合式学习不是说用一种或几种学习方式就一定能解决问题，也不是说多用一些学习方式效果就会更好。"适合的才是最好的"，对于学习设计师来说，不能喜新厌旧，应该根据具体要解决的问题采取相应的混合式学习方式。

（四）参与度（Participation）

支持度是解决利益相关者的动机问题，而参与度是要解决学员的动机问题，激发学员学习动机是学习方案设计的重要一环。好的内容和好的形式本身就会吸引学员的参与度，然而这还不够，学习是一个过程，而不仅仅是听课的那个瞬间。所以，激发学员的参与性要从培训前开始，让学员提前进入学习状态，这包括培训营销、激活粉丝等创造学习氛围的活动。同时，如何让学员在学习后有意愿去落地、去实践，同样也是激发学习动机的重要部分。

学员的参与动机分为内在动机和外在动机两个部分，其内在动机来源主要是成长、成就、信念、渴望、乐趣；而外在动机的来源则是认可、鼓励、激励、群体、利益。从整个学习周期来看，建议学习设计师在学习的前期、中期、后期采取不同的措施来激发学员的学习动机。

（五）实践度（Action）

匹配度是解决用什么方式学什么的问题，而实践度是解决如何让学习发生的问题，是解决学以致用的问题——学习的发生是发生在具体情境中的实践，没有实践就无法说明学习的发生。在知和行之间有一道鸿沟，培训师、培训管理者、培训机构都应该在帮助学员跨越这道鸿沟上下功夫，而大多数时候我们把学习项目的终点设在了培训课程结束后，也就是仅仅解决了"知"的部分，然而培训课程的结束恰恰应该是学员学习的开始。

具体来看，我们要设计学员后期落地的目标，结合其工作情境设计实践的具体举措，同时打造一个能够引发他们刻意练习、并保持激情的场域。

（六）感知度（Feel）

"一次学习是一次体验"。在互联网经济时代，整个经济形态都进入了体验经济时代，学习过程中的感知度直接影响学员的学习效果。这包括过程中对于学习流程、接触到的人员、学习环境等多个方面的体验，也在于能否在项目中给学员创造留下美好印象的"关键时刻"。感知度是基于前面五个维度的基础上的整体体验，这五个维度的设计都会影响感知度。

基于以上的六度学习设计原则，我们用一个完整的案例看一下它是如何应用的。

在获得一个学习需求后，可以马上从这六个维度进行设计，并评估学习设计的有效性。比如，如果接到业务部门"员工销售能力弱"的需求，那就需要解决以下问题：

1.这个需求和公司今年的哪些战略重点能建立起关联？销售能

力在业务人员的哪些情境中得以体现？它和哪些业务痛点可以建立起关联？通过学习能解决吗？

2. 这个项目涉及哪些利益相关者？需要得到哪些人的支持？需要他们在学习前、中、后分别提供什么样的支持？我们如何赢得他们的支持？

3. 基于这些需求，需要匹配哪些学习内容？我们采取什么样的混合式学习方式可以解决这些问题？

4. 学员真的希望参加这样的学习项目吗？他们的迫切程度如何？我们如何激发他们的学习动机以促进他们能够在整个项目中全身心投入？

5. 如何帮助学员真正去实践？如何督促他们后期的刻意练习？有哪些措施可以帮助他们实现知识转化？

6. 如果把该次项目看成一次旅途的话，你希望给学员留下哪些美妙的回忆？我们如何创造"关键时刻"？

基于以上六个原则，我们设计了评估学习有效性的六个维度，可以在一个项目方案设计出后，作为对这个方案进行评估并优化的标准，如下表所示。

表4-1　评估学习有效性的6个维度

维度	指　标	解　释	分数
关联度	与公司战略关联	培训需求与公司战略方向要求一致，项目中有些内容和环节直接与战略相关	
	与业务发展关联	经过访谈，培训需求与学员的业务情境相关联，进而可以帮助学员解决具体痛点	
	与员工成长关联	培训内容能够支撑员工的职业成长或实现个人岗位能力提升，契合他们的关心点	

维度	指　标	解　　释	分数
支持度	相关高度、HR 和职能部门的支持	相关高管、HR 和职能部门的领导对这个项目有期望和要求，在行动上支持项目实施	
	学员上级支持这个项目	业务部分老大或者是学员的上级已经明确表示，并用行动支持你这个项目的实施	
	学员本人愿意参加这个项目	通过调研或方案展示，已经有部分学员表示愿意参加这个项目	
匹配度	学习内容匹配员工工作需要	学习内容匹配战略和业务上挖掘出来的需求，不多也不少	
	学习内容能解决员工工作挑战	学习内容经实践验证，能够部分或全部解决员工工作中的挑战问题	
	学习方式可以解决员工问题	学习方式是多元的、混合的，而且与员工的特点和工作匹配，可以促使学员学以致用	
参与度	有激发学习动机的营销设计	为学习项目打造品牌，在前、中、后各环节均有营销环节，推广学习收益和价值	
	学员训中可以参与并进行互动	通过互动设计、营销设计等方式激发学员的主动性：在培训中可以让他们充分参与	
	学员训后愿意参与后期落地	有相关举措激发学员后期落地的动机	
实践度	培训中有演练环节	培训中设计了大量的演练环节，帮助学员转化行为	
	培训后有切实可行落地措施和要求	设计了围绕着学员工作需要的实践落地举措	
	利益相关者能够参与到训后落地中来	学员上级，包括其当地 HR 能够帮助后期推动学员落地	

续表

维度	指　标	解　　释	分数
感知度	有开学和毕业仪式	设计了开学和毕业仪式，照顾各方面的需求，同时让学员有仪式感	
	在软硬件环境设计中营造学习氛围	通过硬件环境、教材、物料、学习系统、流程设计等，塑造学习氛围	
	有关键时刻	在培训过程中，设计了一些能够引爆学员的体验，以及能为学员留下美好印象的关键时刻	

组织通过对成人学习原理的应用全程合理配置学习资源、设计学习场域、调动成人学习意愿和积极性，可以有效达成培训效果。

训前——需求诊断分析。成人学习具有"知道学习的目的和原因""感觉有现实或迫切的需求就回去学"两大特征，因此在项目设计之初，需要通过面对面访谈、问卷调查、工作任务分析等方法来分析员工在工作中遇到了哪些困难、哪些方面的能力需要提升、他们期望通过培训达到一个什么样的效果。鉴于员工个人的学习目标与企业的业务目标和战略规划是紧密联系的，因此在制订个人学习目标时必须将其与企业的业务目标和战略规划相契合，将个人学习目标、企业业务目标和战略规划三者同时考虑，形成培训的主题方向。

训中——学习旅程设计。在实施培训的过程中会涉及培训内容、培训方法、培养进程。

培训内容的开发：成人对学习内容的实用性和结果特别关注，并且拥有丰富的经验，喜欢将新知识与经验作比较，因此课程内容必须在培训目标的引导下与学员在实际工作中遇到的问题相关联，而且新的课程内容应是在学员的经验基础上进行的创新与拓展。比如，我们可以以面授、案例、微课等多种授课方式将优秀的业务专家集中在一起，在专业技术顾问的引导下开发出相应的内容；也可以通过整合外部资源，将外部的课程资源通过萃取、迭代的方式与内部资源相互整合，形成具有实践指导性的课程内容。

培训方法的选择：成人乐于表达个人意见、喜欢按自己的方式和进度学习，并且不同年龄的人对学习方式的接受度也不同。因此，在学习形式的选择上，需要考虑适应性和多样性。线上学习，比如微课、直播，可以让学员自由选择学习的进度和学习时间；游戏化体验则可以让学员在轻松愉悦的环境下获得知识和技能；而在面授课程中，应尽可能采取与内容和教学目标相匹配的教学方法——对于典型的业务场景难题，可以通过案例研讨的方式进行，使学员通过在现场跟老师的积极互动，集中迅速地解决工作中的难题；技能型的知识则应多采用模拟演练以及演示的方式；对于知识型的内容，还可以通过举例子、打比方进行形象化的说明。

培训项目流程：整个学习项目是具有一定周期的。对于成人而言，既要兼顾业务成果，又要考虑学习成长，大多会存在较大的"工学矛盾"，因此项目设计最好能够给学习转化环节安排时间，即通过一定的机制，让学员能够将获得的知识、技能应用在工作中。所以，在需求调研阶段需要考虑学习进程和阶段的设计，并要基于不同学习主题内容的特征考虑如何设置学习转化措施及所需的时间和周期。

训后——培训价值评估。成人的学习是"感觉有现实或迫切的需求就回去学"，是以目标为导向的。如何让他们感受到培训的效果？如何让老板看到培训的效果？在项目设计的开始，就应该考虑如何去评估，"以终为始"——以培训最终要达到的结果为起点，去考虑如何设计培训的每一个环节及评估的方式、去评价培训效果、展示培训的价值。

当然，成人学习原理只是做好培训的要素之一，做好培训还需要考虑公司战略、企业文化、制度流程，更需要对培训的专业研究和积累，比如需求调研、项目设计、内容开发、资源整合、培训评估。

第二节 ┃ 学习发展原动力：培训方式与培训内容的创新

一、如何实现从培训到学习的跨越

互联网技术驱动的经济转型深刻地影响着依附在这个底层架构上的每一个企业。随着技术开源的趋势，专业技能的人才不再属于某个企业，而是由社会共享的资源。在员工追求个人价值实现的前提下，员工学习将替代旧的培训观念。

在雇佣关系新常态下，人才的外部引进与内部培养相结合成为当下企业使用人才的首选路径。长期以来，培训作为企业内部人才培养的重要途径和手段被广泛运用，但现在外部环境发生了很大的变化，传统的企业培训是否还能承担内部人才培养的使命呢？

（一）传统的培训已经不能胜任内部人才培养的重任

培训虽然被赋予了各种高大上的职责和使命，但现实中以课程面授为主、辅以各种衍生授课方式的传统培训在履行使命时已显得力不从心：老板通常会认为钱花了没看到效果、培训完了人却跳槽了，也就降低了对培训的热情；培训部门被事务性的工作耗费了大量精力，一肚子苦水；员工认为这些培训课程对提高技能、促进个人发展和升迁没什么帮助和必然联系，兴趣和参与度也较低。这样的培训显然失去了培养内部人才的作用和支撑业务的功能，其结果也就会严重背离企业培训的初衷。

究其原因，企业主观上想通过培训提高员工素质、技能和知识，但客观上由于缺乏针对性、和与业务结合紧密的培训课程，不能给员工带来实质性的帮助。同时在培训方式上，也没有关注当代成人的学习特点和习惯，所以变革培养方式的问题日益突出。

（二）学习是新常态下人才培养的有效方式

笔者曾就IT培训和一位互联网领域的资深人士进行探讨。他说，IT培训最多只能培养出蓝领码农，真正的人才都是通过自己不断学习并在项目中摸爬滚打出来的。

学习是通过阅读、听讲、研究、观察、实践等方法获得知识或技能的活动过程，是一种可以使个体得到持续变化的行为方式，培训只是学习的一部分，不能代替学习。在工作实践中，学习是获得知识和技能的主要途径。过往经验和时代的进步都使得企业对人才培养的观念有了提高——不再一味追求培训过程的完美和课堂的热闹，而需要员工的胜任力获得实实在在的提升，并能从培训中学到全面的解决方案。

新常态下，员工追求个人自我价值的实现，想要得到更好的发展、提高职场含金量，就会主动通过学习来提高自身能力，从而赢得更多的职业发展机会。相信每个有进取心的人都有学习的愿望。企业需要人才，员工有提升自己的愿望，如果能够将二者融合、把企业这个外因和员工这个内因有机整合到企业学习体系中，对企业和员工都会是经济且双赢的结果。

在互联网技术迅速普及、雇佣关系发生深刻变化、传统培训效果不尽人如意的今天，从培训到学习就成为企业人才培养的必经之路，也是时代进步倒逼出的人才培养观念的转变。

（三）如何实现从培训到学习的跨越

从培训到学习不仅是观念的更新，也是企业内部培养体制的变革，那么，怎样从培训跨越到学习呢？

1. 打造企业学习型文化

从培训到学习跨越的基础和前提，首先是企业高层的共识。组织要在这个共识下打造企业学习型文化，企业中高层要在学习上起表率作用，并在制度、用人政策、利益分配等机制上唤醒和维护员工的学习动力，形成一种以学习为主的企业氛围。在一个员工不学习、不分享就可以升迁、加薪的企业，是不可能、也没有必要实现从培训到学习的跨越的。

2. 建立学习体系

学习体系是学习的动态、关联、稳定、持续进行的保证，符合本土和企业特点的、简约的体系是最有效的体系，IT 或互联网学习管理平台则可以分担相当部分的流程和事务性工作。学习项目的管理人员应重点在制度、政策、跨部门合作上获得对体系的支持，并将这些资源对接到学习体系中，这样才能使学习体系有效运转。

3. 用技术支撑学习

学习与传统培训最大的区别在于互联网手段的运用。高速发展的互联网技术和雨后春笋般出现的互联网学习产品，使从培训到学习的跨越有了强大的技术支撑和丰富的备选产品。选择符合企业特点和学习设计思路的平台，将会使学习活动变得多样和便捷，学习管理也会更加及时和精准。通过数据分析，能更好地改善学习活动，并使学习管理者从繁杂的事物中解脱出来，集中精力进行管理协调。有条件的企业还可以自己开发学习平台，它们可能比外部平台更实用。

4. 打通学习平台与管理系统

将独立部署的学习平台与企业管理系统打通是很有必要的。人都是有惰性的，学习也是一件痛苦的事情，只有将员工的学习情况和其绩效考核联系起来，才能更加有效地促进员工的学习积极性，从管理上促进企业学习文化氛围的形成，建立真正意义上的学习型组织。

5. 建立知识数据库

外部课程没有结合企业自己的经验，知识尚缺乏针对性。人才可以流动，但知识必须留下，企业要有计划、有方法地聚集内部知识，形成知识数据库，做好知识管理。利用好知识数据库，并将这个工作持续下去，对企业而言将是一笔宝贵的资产。华为大学的主要工作包括传承文化、提升能力、萃取知识资产。这是很科学和实际的，值得其他企业借鉴。

6. 提高内部学习、研发和授课能力

企业学习乃至整个社会的学习，难点在于内容。基于解决业务问题或成为业务伙伴的学习就需要有针对性很强的内容，而这种内容是外部难以提供的。学习项目管理人员要在掌握行业前沿知识和经验的基础上，提炼知识数据库成果、研发出满足业务部门需求的学习内容，并通过培养一批具备授课和组织能力的内部讲师，提高学习项目的交付能力。这样的学习才是企业需要和业务部门欢迎的，只有这样，学习部门才能和业务部门一起愉快地"玩耍"。同时，也要鼓励业务部门参与这项工作，并给予适当的激励。

7. 学习部门需要业务骨干

对企业而言，员工学习的终极目标是通过提升能力来解决业务问题。但一般企业的学习部门对于业务及其痛点了解不多，以至于学习项目和业务部门的需求之间有一定的距离，而骨干级的业务人员对业务和问题则有深刻的洞察，学习部门如果有业务骨干的加盟，学习项目和业务的结合将会有很大的改善。

8.充分利用互联网产品实现泛在学习

成人学习是一种泛在学习，所以企业学习的形式也应该呈现出多样化的形态。除了课堂培训、企业在线学习、师徒制、研讨会、案例分析、轮岗等外，还可以将网站、社交产品和互联网工具嵌入企业学习中，如各种在线学习网站、学习 APP、微信、微博、QQ 群等。运用互联网，特别是移动互联网进行学习更符合现代员工的学习习惯，也能有效拓宽学习范围、提高学习效率，同时考验学习设计者的智慧，当然还能让中小微企业低成本地开展企业学习。

用最小的人力成本获取最大的人才回报的时代显然已经过去，企业在学习方面的投入是必需的，也是会获得超值回报的。作为员工，要想在激烈的人才竞争中给自己增值，只有终身持续学习。

二、培训创新的重要性与不足

现在，商业企业投资培训已成为企业的投资重点。随着全球市场竞争的日益激烈，企业员工培训被升华到学习发展，扩大企业人力资本积累的认知也越来越被企业高层所重视。在这样的一个高度，对于企业来说，人才是第一生产要素、是企业最宝贵的资源，也是实现可持续发展的重要保证，这就对培训和发展工作提出了更高的要求。

近年来，企业员工培训和学习发展工作也有了长足的进步，许多企业能针对自己行业的性质和员工岗位特点，在提高员工素质、增强企业竞争力方面形成独特的做法，并取得了很大的成效。但是，困难和问题仍然存在，主要表现在以下四个方面。

一是员工培训工作还不能适应市场经济发展的要求；二是企业

培训未能充分调动员工参加培训的主观能动性、不能充分调动员工培训的积极性；三是多数培训的效果反馈机制不够健全，无法保证培训效果和质量；四是一些企业对职工培训工作重视不够，还没有认识到互联网经济条件下的企业危机感，以繁忙取代知识、技术的培训和学习发展。

因此，企业要在未来的竞争中保持持续竞争优势，就必然要求员工成为不断创新的个人，而组织则成为持续开发智力资源、云集精英、永葆战斗力的平台，那么培训发展、终身学习就是个人与组织不断成长壮大的动力源泉，也是企业核心竞争力的根本。因此，如何更新培训观念、创新培训模式、提高培训质量，是企业培训要研究的新课题。

三、如何实现培训创新

企业在国际、国内市场竞争中不断发展壮大，加强员工培训、不断提高其综合素质，是企业持续发展的基础。要实现新时期企业员工培训工作的创新，应着重做好以下几方面的工作。

第一，在新形势下，提高员工素质，必须打破惯性思维，重新认识和定位员工培训工作。无论在激励约束机制和实施措施上，还是在培训内容和方法上，都要重新审视培训内容是否符合企业新的发展目标、工作要求和岗位实际，只有有针对性的探索和创新，才能对建设一支高素质的员工队伍起到事半功倍的效果。

第二，企业培训的效果在很大程度上取决于培训方法的选择。当前，企业培训的方法有很多种，不同的培训方法有不同的特点，其自身也各有优劣。但是，为了适应业态发展的要求，企业必须对员工进行一些必要的培训以提高员工的知识水平和实际工作技能。因此，企业要选择合适有效的培训方法，考虑培训目的、培训内容、培训对象的自身特点及企业具备的培训资源等因素。

第三，培训模式创新是做好企业员工培训的根本途径。员工培训教学是相互交流的过程。在这个过程中，被培训者处于决定性的地位，"以人为本"的观念体现在培训中，就是要依靠被培训者、激发被培训者的学习兴趣、发挥其学习的主动性。然而提高学习兴趣、发挥学习主动性，关键在于内容符合实际，培训形式多样。

从根源处做好员工培训创新工作，要做好以下几点。

第一，创新培训思路。这就要在培训的思路上，从"要我学的点名培训"向"我要学的按需培训"转化，从应急培训向系统教育转化。

第二，创新培训内容。培训内容要反映在市场经济条件下企业管理创新、技术创新的新内容，同时要注重学以致用，解决工作中的现实问题、满足企业生产经营的需要，还要为适应竞争激烈的经济全球化和新科技革命，面向未来，进行超前培训。

第三，创新培训方法。由于员工培训涉及面广，而员工的水平、素质不一，情况不同，这就需要根据不同的培训对象和内容制订培训计划、工作要求和措施，既要符合实际、因地制宜、紧贴企业需求，又要精心设计和选择诸如讨论式、观摩式、情景模拟、安全分析等灵活多样的培训方法，充分发挥学习者的主动性。

第四，创新培训手段。长期以来，许多企业都有行之有效的员工培训方式，如师傅带徒弟、短期轮训、委托培训、分层培训等，在新的条件下，企业应该在继承过去好的培训方式的同时，广泛使用各种先进培训手段和硬件设备，利用互联网进行交互式学习。

第五，创新培训制度。建立一套与之相适应的管理制度，诸如培训项目策划制度、培训项目主持人制度、工作协调制度、检查考核制度等。

第三节 |【案例】京东培训

一、京东培训案例实操

有两组数据可以印证京东的变化：过去，京东用 60% 或更多的时间为管理者服务，开发他们喜欢的课程；如今，京东对管理者的服务可能只需要 20% 的精力，而把更多的时间、精力放到了员工身上。

企业内部培训已被颠覆，京东内部对培训重新进行了思考：

是不是一定要培养人？

一定要开发课程吗？

一定要上课培训吗？

如何让学习变得简单、快乐？

利用互联网思维进行培训模式创新，能让京东用新的思维方式来反思和工作。传统企业的培训效果是"高大上、听不懂"，而互联网企业追求"接地气、讲干货、说人话"，互联网思维催生了种种堪称简单粗暴的方式，却往往能直击用户内心深处。

互联网思维，实际上就是要解决"三个点"和"三大能力"的问题。互联网思维的三个点，其实就是痛点、尖叫点、引爆点。痛点指的是用户思维能力，企业有没有读懂用户；尖叫点指的是产品思维的能力，企业能不能够做出令人尖叫的产品；引爆点则需要有市场思维能力，也就是产品和服务能不能够让粉丝誓死追随。

那么，如何将这 3 种思维模式应用到人力资源和培训中？过去，培训的三大能力是讲课的能力、开发课程的能力和班级运营的能力，如今有新三样：首先，是社群运营能力——会不会让粉丝玩起来；其次，是多媒体制作能力——将培训的内容做成可听、可视化的声光电合一的产品；最后，是爆点营销——会不会引爆一个问题。

二、做"有用"的培训

互联网培训的特点是什么？京东的总结是做产品。如果这门课程只能这个老师讲，就不叫产品。产品是任何一个人去讲，质量都不会下降太多的课程，它的传播范围也更广大。

互联网思维给培训带来了无限的想象空间：京东是不是能用一半的费用、一半的时间，得到同等的效果？对此，京东有 4 个关键词：第一个是有用，第二个是少花钱，第三个是少花时间，第四个是心甘情愿。

京东在内部调研时发现，在公司很多专业级人才中，有 50% 的人的职业梦想是成为管理者。但作为要靠技术驱动未来的京东，需要更多安心做技术的人才。

当被问到为什么要成为管理者时，他们的回答通常是："成为管理者，才有更多的话语权。"调研人员再问：你们愿意做审批吗？愿意开各种会议吗？"不愿意，我就想让别人听我的。"这就太简单了，这就是痛点。于是，京东的培训就可以围绕这两点做一些令他们尖叫的产品：给他们更大的舞台和更多展现的机会；让领导和员工都认识他，让他说话有人听。

于是京东做了两个产品：一个叫京东 TALK，另一个叫京东 TV。京东 TALK 就是模仿美国的脱口秀：一个铺着红地毯的舞台和两个显示屏——一个显示倒计时（共 18 分钟），另一个用来放 PPT。这个舞台只允许技术人士上来，管理者一律免来。京东第一次请了一个曾经研究无人机的博士程序员，他讲了自己的工作，叫"虚拟试衣"。讲完这个程序之后，他立刻就火了，成了公司的名人。

三、做让人尖叫的培训产品

京东在设计领导力培训时，发现公司缺干部，而管理者又抽不出时间上课。那么怎么使产品令人尖叫——不花时间又能达到效果？他们发现有一个一对一的情景测试很有用。以往是小组测试，很多人都可以滥竽充数，而这个则要一对一面试、考试，使用谁都逃不过去的"以考代培"的培训方式，的确很具挑战性。但怎么让大家接受这个方式、引爆他们的热情呢？考试谁都不喜欢，但京东在培训中灌输了一个观点：管理者是磨出来的，能够过关，就说明你是一个好的管理者。

对于内部近5万名的蓝领员工（配送员近2万名，其余是仓储、分拣、客服等），京东调研后发现了4大痛点。第一是学历低，大部分人都是高中学历、流失率高；第二是没有空调，他们的工作环境、学习环境较差；第三是没有时间、工作压力大；第四是没有茶歇，基层员工看到总部培训中有茶歇、有服装，而自己什么都没有。

于是京东尝试开放大学的模式。进行硬件设施改善——每个仓库配一个教室，改善学习环境；开发微信产品，让他们在手机上随时能进行碎片化的学习；统一标配，总部和一线员工同样标准，每天课程配备人均8元的茶歇。

两个典型的引爆点产品：第一个产品叫"我和D哥做校友"，第二个产品叫"我在京东上大学"。"我在京东上大学"是一个平台性的产品，京东跟几所大学合作，开设了电商本科和大专的学历教育，鼓励学员自费来学。他们在动员会上特意说，很多人借钱结婚、借钱买房，甚至借钱生娃，能不能借钱读一个本科，让自己鲤鱼跳龙门。现在，已有400多名京东员工报名。京东与校方谈好了折扣价，员工两年半后拿到了学历，会给他奖励，如果学习期间晋升了一级，减免1/3学费，晋升两级减免1/2，晋升三级整个课程全免费。京东就是用这样的产品，去激励大家靠自我的动力来学习。

四、"少花钱"也能做培训

培训少花钱，并不等于质量不好，关键在于内部资源比外部资源更有价值。京东曾在"6·18"店庆大促销时做过一个知识分享活动。

活动时间为1小时。

第一步：员工间交换题目，形成联盟。京东共有35个题目，随机发给大家；与其他人交换主题，寻找自己擅长的主题；找到能够相互支撑的朋友，形成7—8人的联盟。

第二步：活动开始，大家安静地写相关信息，也叫迪士尼转盘。版主在问题旁写上自己的名字，认真填写第一帖；将自己的问题卡传递给左边的同事；阅读前面同事的回复，写上自己认为更有价值的信息；不断传递，补充有价值的信息。

第三步：能量集市。所有人起立，拿着自己的主题，选择一张白板纸，将自己的问题和已经收集到的回复贴到白板纸上；分享自己的成功经验和处理方法，而每人回帖不少于8个；版主最后选出3个最佳回帖，贴上红点，任务就算完成了。

活动结束后，还有一项工作，是把贴红点的答案往前放，其他参考答案往后放，这就形成了解决关键问题的小册子。这对于对"6·18"了解不多的员工，是一个非常好的项目式培训。

所以说，少花钱背后最关键的逻辑在推手、在能不能推动公司内部专家帮你干活。你的梦想就是让这些专家们白天给公司干活，晚上给京东大学干活，而且是心甘情愿帮你干。

五、"心甘情愿"的攻心术

京东有一个产品叫"专业脱口秀"。他们在内部找了个能说会道的 85 后员工，让他围绕业务条线，以脱口秀的形式每周推出一档节目介绍业务的趋势和公司内部的变化，要讲得有趣，就像现在的相声，几乎是几十秒钟就一个"抖包袱"，因为客户已经越来越重口味。他可以找编辑，也可以自编自演，京东每月给他一定的课程开发费。京东用这样的方式，快速地推动公司内部知识的传递。

过去，培训就是要改变态度和技能，但这个逻辑要有新的调整——现在，关注知识才是更加符合互联网的培训模式。

现在的假设已经改变了，人才的储备率远高于 10 年前，同时 80 后、90 后的知识学习转化能力明显强于 70 后。学习是一种开启后自发延续并完成的过程，大量的知识会推动每个人自我成长。

六、培训的终极目的是绩效

最后，谈一下为什么个体和组织都能心甘情愿地投入培训。要通过建立一种学习生态系统让学员自发地学习，以知识习得为方法，以提升能力为目的。为此，京东设计了"京东年级"这样的能力等级项目，用一种显性且易操控的方式，鉴别员工的成长与价值。"京东年级"能体现出员工的学习任务、知识贡献等，同时，用各个年龄层都喜欢的语言表达和宣传形式，引爆员工的热情。

京东尝试搭建了一个灯笼模型的方式——底座叫小的 E-Learning，京东把它做成每个岗位，每个层级必修课程的平台，且考试都包含在这里；中间的灯笼身是大的动态知识库，包括各部门的知识库，把它变成共享平台；灯笼帽则是挖掘，往往是由京东大学内或者行业专家基于业务部门需要，把知识从灯笼身里抽出来列成知识列表，当知识列表出来之后，其实就形成了课程开发初步的蓝本。如果没有这个素材库，很多课程开发就都是原创，有了这些积累就是二次开发，更简单、时间更快，变成了收集、挖掘和应用的循环过程。

现在的智能终端设备越来越多，会推动培训越来越快地从学习领域转到绩效领域。培训能不能帮到绩效、有没有像顾问一样去帮助它、能不能做到用智能的系统去做推送以使人更轻松地工作，将决定人力资源工作的价值。

第四节 ┃ 智能学习生态圈：学习发展的终极目标

一、什么是智能学习生态圈?

这是最好的时代，还是最坏的时代？对于从事培训的人来说，现在是最好的时代，也是最坏的时代。为什么这么说？

过去从事培训主要使用的干预手段（Intervention）是透过面授培训。随着社会化媒体、移动设备、游戏与大数据等技术与学习的快速融合发展，现在能用的方法与手段已经比过往增加许多，对从事培训的人来说，变革是避免不了的，因为传统的培训方式已经明显不能满足互联网时代下学习者的需求，以往那种低头紧盯着某个培训项目设计与实施的思维已经行不通了。如果培训还停留在不断开大课，每到年终做总结时能提出的贡献还停留在人均培训时长、天数、课程数或平均培训满意度上的话，那现在便是最坏的时代。

相反地，如果能善用学习技术，这便是最好的时代。但学习技术变化非常快，该怎么做才能不陷入流行什么就做什么的跟风主义呢？或者如何跳脱实施单个学习技术项目的局限，循序渐进，做好体系建设、发挥全局影响？

要回答这些问题，必须回归基本。只要明确学习技术能够为企业带来的价值创造与应用重点，并能以终为始，了解自身所处的发展阶段，便可以配合企业战略，制定合适的发展路径。

那企业技术应用的终极目标到底是什么呢？

多数企业开始实施 E-Learning 时，是为了满足正式学习中在线课程播放、在线考试及培训信息化管理的需求，而在应用成熟后则开始往辅助人才与绩效管理以及非正式学习的应用上拓展，之后跨出以人力资源部门为主的应用，开始与其他企业核心业务流程结合。我们观察到，越来越多企业的在线学习应用已经形成了结合正式学习与非正式学习的生态圈，并且跨出了以知识移转与能力建设为主的人力资源部门的应用，与其他业务部门的流程结合，以即学即用的绩效辅助或者工作支援形态存在。因为不是以学习项目的形式存在，而是与业务工作流程结合，这种结合业务的学习生态圈才可以在企业内部持续发展。

什么是学习生态圈呢？要回答这个问题，必须先厘清培训、学习与工作间的关系。从过程来看，培训是学习的一部分，而学习是工作的一部分，培训与学习是过程，也是完成工作不可或缺的部分。

企业学习技术应用的终极目标：智能学习生态圈。

从场域来看，培训与学习发生在学习场域里，工作任务的执行发生在工作场域里。学习场域与工作场域之间有交集，但并不完全重叠，而这两者也是生态圈里的重要组成部分。

从目的来看，培训与学习是帮助学习者在工作过程中解决问题、完成任务、提升工作成效的手段，也是提升工作成效过程中的方法之一。从人的角度来看，学习场域里主要以学习者（Learner）为中心，在工作场域里则主要以工作执行者（Performer）为中心。在过去的培训工作中，关注的焦点已经从以讲师（Instructor）为中心转向以学习者为中心了。如果关注的是工作成效的提升，则必须从以学习者为中心转向以工作执行者为中心，以终为始地思考培训与学习发展活动能如何助力工作执行者提升工作成效。这种关注焦点的转换，也代表价值创造的改变，因为光培训已经不够了，企业要的是如何提升工作成效。因此，我们必须从过去在学习场域里的"做不同的培训、学习项目"，转变到在工作场域中的"提升工作成效"。

要达成这个目的，就必须跳出以学习场域为主的思考模式，结合工作场域的需求，建立全局观，将两者视为整体的生态圈来思考，建设健康的生态圈环境，将培训、学习资源用在工作过程中，帮助员工提升工作成效，形成良性循环。

二、智能学习生态圈的重要性及主要组成

根据调查，平均一个人一年在企业里的时间分配，培训时数大约占5%，也就是100小时；而工作时数则大约占95%，也就是1900小时左右。而从培训的资源分配率来看，约有80%的培训资源是分配给占5%的培训时数，多数投入在面授培训上，有实施在线学习的企业则还会有线上课程的学习时数。大约只有20%的培训资源被分配到工作场域，多数采用教练、导师或者行动学习的模式。

由此可以看出，培训工作者把多数资源投入到了培训工作上，看起来理应如此。但在年度总结时，培训工作者所能提出的效果，却多数停留在人均培训时长或课程数量，而这样的指标对企业而言，意义有多大呢？企业要的是人员培训后能带来工作成效的提升，但人均培训时长或课程数量却没法说明工作成效的提升。

如果结合另外一个角度来看这件事情，就可以了解培训资源的分配与工作成效的提升是有些错位的。调查显示，影响一个人在工作场域中的工作成效表现的因素有很多，占比最大的是流程性因素，约2/5，而能力的因素占18%，约1/5，其他因素还有领导力、环境、资源与动机。

因此，我们可以了解到，能力只是影响一个人工作成效的部分

因素，要提升工作成效，还必须注意改善其他因素。培训工作者可以跳出学习场域中以受训者（Trainee）或学习者（Learner）为中心的思维模式，同时思考在工作场域中的工作执行者（Performer）的需求，并且重新检视培训资源的分配，不用把鸡蛋放在同一个篮子里。

当我们能以生态圈的全局观来思考过去培训资源的分配时，干预手段（Intervention）的选择性就会更强，因为从教学策略上来说，很多学习或培训的资源可以应用在培训前与培训后，当学习者在工作场域执行工作任务碰到问题时，即学即用，加速解决问题，提升工作成效。

学习生态圈的主要组成有哪些呢？

笔者认为的学习生态圈主要是从学习发展的角度出发，包含了学习场域与工作场域，学习场域的重点组成包含了培训管理、学习项目与辅助发展；工作场域的重点则包含了同侪协作、知识服务与工作辅助。

"学习场域"是以学习者（Leaner）为中心的培训与学习所发生的场域；而以工作执行者（Performer）为中心、实际执行任务的场域，笔者把它称为"工作场域"。当然，"学习场域"与"工作场域"并不相互排斥，而是有重叠的。

其中，学习场域的重点组成说明如下：

培训管理：主要是我们熟悉的培训管理相关工作，包含了培训计划、培训流程、培训评估、培训资源管理等。

学习项目：主要是我们实施的不同学习项目，包含在线学习、同步学习、混合式学习、社会化学习等。

辅助发展：主要是与员工相关的发展活动，可以是基于职业发展（Career Development）、绩效发展（Performance Development）或者人才发展（Talent Development）衍生出的个人发展规划，重点包含考试与评鉴、岗位认证、教练与导师、实践与轮岗。

另外，工作场域的重点组成说明如下：

同侪协作：主要是透过 Web 2.0 工具，通过社会化协作（Social Collaboration）的形式，促进员工间（Peer-to-Peer）的问题解决与经验分享。重点体现在内部类似博客 / 微博或者微信的沟通工具、维基百科、实践社区（Community of Practice）或者是教练与导师上。

知识服务：主要是通过电子化的资源解决工作上碰到的问题。主要形式有课件点播、知识库与文档库、电子图书或者知识检索。

工作辅助：主要是嵌入工作流程中的各种辅助资源。主要形式有规划工具、即时助手、检核清单与专家网络等。

以上这 6 种生态圈的重点组成部分，其实还可以作为教学策略的参考，以求对培训或学习项目进行规划时可以更全面。对于过去经常提到的混合式学习，则可以结合更多工作场域的干预手段促进培训效果的转移。

三、学习技术应用成熟度分析

智能学习生态圈除了从发生的场域，也就是学习场域以及工作场域来了解其主要组成之外，还可以从学习技术应用成熟度来了解其发展路径。

综合国内外的研究，笔者认为，学习技术在企业中应用的成熟度可以分为 5 个阶段，分别是电子化教学阶段（Electronic Instruction）、在线学习阶段（Online Learning）、企业学习阶段（Corporate Learning）、持续辅助阶段（Continuous Support）以及智能学习生态圈阶段（Intelligent Learning Ecosystem）。

智能学习生态圈的建设并不是一蹴而就的。企业可以通过学习技术应用成熟度了解自身所处的阶段以及每个阶段的典型挑战，并结合学习技术应用的发展趋势，配合企业战略选择合适的发展方向，这可以让企业避免走弯路。

第一阶段是电子化教学阶段：主要发生在学习场域，指在培训工作中引入不同的电子化教学手段，如计算机、音视频、光盘、电子白板、互动投票或电教室单机学习等，主要目标是提高教学过程中的效率，以降低教学成本。

第二阶段是在线学习阶段：主要发生在学习场域，指在培训工作中引入在线学习的手段，利用网络培训平台管理面授课程与网络课件，提升培训管理效率及培训效果。

第三阶段是企业学习阶段：主要发生在学习场域，并开始延伸到工作场域，指结合岗职体系或者学习地图，利用学习管理平台实施混合式学习与学习资源管理，有计划地提升员工能力。

第四阶段是持续辅助阶段：学习场域与工作场域并重，依照个人发展与工作需求，在线上、线下或移动端，利用社区、知识管理或工作辅助平台达到持续辅助学习者个性化发展的目的。

第五阶段是智能学习生态圈阶段：以工作场域为主、学习场域为辅，利用多终端交付及大数据支撑的智能化学习、搜索与辅助系统，提供同侪协作、知识服务与工作辅助，缩短搜寻时间并快速解决问题，以提升工作成效。

学习技术应用成熟度还可以结合不同的指标，帮助企业了解各指标在不同阶段的变化及企业自身当前所处的阶段。当然，对某个企业而言，每个指标并不一定处于同一阶段，因为各个企业的局限性因素不一样，所以指标可能分布在不同阶段。以下列举一些指标来做参考。

从场域的角度来看，越往后的阶段，越靠近工作场域。前面三个阶段强调的是学习场域中学习者的应知应会，第四个与第五个阶段强调的是工作场域中任务执行者的实践与应用。

从学习形式的角度来看，越靠前的阶段越多采用正式学习的模式，越往后的阶段越多采用非正式学习的模式，对混合式学习的应用也越多。

从效果评估的角度来看，前面三个阶段所实施的干预手段评估方式多数是采柯氏（Kirkpatrick）的对第一级反应层以及第二级学习层的评估，第四个与第五个阶段学习场域的评估则多聚焦在对第三级行为层以及第四级成果的评估上。工作场域的评估多聚焦在时间节省、效率提升以及成效改进上。

从内容的角度来看，前面的几个阶段主要是以正式且结构化的内容形式为主，越往后的阶段，非正式与非结构化的内容形式会越多，在工作场域里碎片化与场景化的内容形式会大幅增加。

从运营的角度来看，从第一个阶段到第三个阶段，运营重点会由"重培训、轻学习"转向"重学习、轻培训"，采取的是以培训部门以及学习发展部门为主导的"重运营"思路，但重运营常会有"不推不动，推了才动"的现象；而从第四个阶段到第五个阶段，运营重点则会由"重学习、轻辅助"转向"轻学习、重辅助"，采取的是要求由业务部门主导，学习发展部门或者组织发展（OD Organizational Development）部门为辅的"轻运营"思路，要求学习发展部门必须完全转换成业务合作伙伴（BP Business Partner）的角色，以业务部门的需求为主，持续在工作中帮助任务执行者（Performer）提升工作成效。

学习生态圈的复杂度以及建设过程须循序发展，但是当企业了解自身所处的阶段以及发展路径时，套用一句俗话来说就是"方向对了，就不怕路远"。

四、激活与应用智能学习生态圈中存在的问题

（一）快速响应的问题

在互联网时代，商业环境瞬息万变，企业必须快速适应变化。而当企业发生战略变化时，身处企业中的人也不得不快速拥抱变化、学习变化、适应变化。这表示，作为企业的一分子，要随时随地地学习、在工作中就能快速学习，而不是等有课时才开始学习。对从事培训工作的人来说，必须得用新角度来思考这个问题，因为光提供培训已经不足以快速适应变化。

从整体生态圈的高度来看，要快速响应变化，就必须有敏捷的思维，这里指的敏捷有两层意义：第一层是对结果的敏捷思维，因为光知道还不够，要能在工作场域中实践才算数，这便需要融合学习场域与工作场域来创造"知行合一"的环境，更需要在工作场域中建设"即知即行"的工作辅助体系；第二层是针对时间的敏捷思维，不只关注如何在学习场域中加速能力培养，更要关注如何在工作场域里如何快速提升工作成效。

（二）价值创造的问题

很多培训工作者每年会将精力集中在实施培训班、停留在项目层上，这虽然可能有亮点，但影响范围有限。就好像森林要茂盛成长，光种树是不够的，还得关注整个生态体系的建设与滋养，只有这样，森林才能蓬勃生长。

从结合学习场域与工作场域的生态圈全景思维来看待培训工作，能更全面地了解学习与工作之间的关系，也可以让培训工作更具战略意义并创造更清晰的价值。因为培训、学习都是建设能力的过程，

在工作中真正创造工作成效才是最终目的。

此外，生态圈"以终为始"的思维还能促使培训工作者重新思考培训资源的部署，除培训手段外，还会有"轻学习、重辅助"的干预手法，帮助培训激活在工作场域中的价值，开发培训工作的新蓝海。

（三）遗忘曲线的问题

过去做培训，关心的是学习场域中的知识传递，但常会碰到学的时候记不住、用的时候想不起来的现象，遗忘曲线的问题很难解决。但一个人真的能记住完成工作任务需要的所有知识吗？答案是否定的。因为一般人的记忆能力有限，而且知道并不代表能做到。

其实知识应该是储存在需要用到时能方便找的地方，这也是生态圈建设在工作场域中所关注的。

（四）工学矛盾的问题

工作与学习的时间冲突是每个从事培训工作的人都曾碰到过的挑战，对绩效压力大的岗位来说，因为脱产培训所损失的机会成本尤其明显。站在结合学习场域与工作场域的生态圈高度来看，可以发现工学矛盾是需求与解决方案的错位。

学习能解决的是是否知道的问题，也就是知识的取得；而工作需要解决的是任务执行的问题，也就是知识的应用。只关注知识的移转还不够，还必须要思考如何能够减少学习与实际应用的时间落差，让学习和知识资源距离工作场域和流程更近，形成"即学即用"与"即用即学"的模式，这样才能从根本上解决工作矛盾的问题。

智能学习生态圈与企业学习技术应用框架："智能学习生态圈"的理念如果能结合"企业学习技术应用框架"，便可以对学习技术应用规划提供系统化的指引。那么，"企业学习技术应用框架"是什么呢？如图4-2所示，它是由学习技术在企业中的战略与定位、价值与应用、技术与平台、内容与资源以及治理与运营5大模块所构成的。

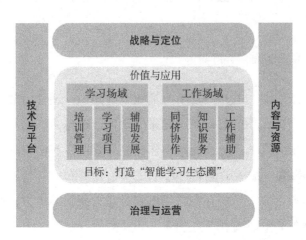

图4-2　企业学习技术应用框架

战略与定位：战略与定位是企业在规划学习技术应用时首先要关注与梳理的，其中的重点工作包含如何支撑战略目标、促进商业价值的实现、推动企业变革、了解学习技术在企业当中所能创造的价值与应用的重点、了解企业在学习技术应用成熟度上所处的阶段，以及制订学习技术应用的发展路径等。

价值与应用：价值与应用指的是学习技术在企业内能创造的价值与该有的应用重点，根据每个企业所处的行业特点与企业自身的局限性，学习技术在不同的企业会有不同的价值创造重点与应用方向。

技术与平台：技术与平台指的是支撑学习技术应用的基础设施与软硬件系统，包含了内容管理平台、学习管理平台、工作辅助平台、直播教室、Web 2.0 工具、智能手机与平板电脑以及相关的技术标准。

内容与资源：内容与资源指的是学习与工作辅助相关的结构化与非结构化内容与资源，以及与之关联的体系规划、内容与资源建设、采购与开发、评价体系及内容技术标准等。

治理与运营：治理与运营包含治理结构设计、运营模式设计、管理制度建设、运营流程规范、供应商管理、团队能力建设、评估与改进，以及对外交流与合作等。

善用学习场域与工作场域相结合的生态圈全景思维以及企业学习技术框架，能够帮助企业在学习技术应用方面有序前进、找到适合自身企业应用的发展路径、迈向工作场域应用的新蓝海、激活培训与学习技术应用的价值。

第五节 ┃【案例】华为的学习型组织构建

创立于 1987 年的华为公司历经 30 多年的成长，从无名小卒成长为行业"领头羊"。目前，华为公司掌握的技术专利数量已在行业内处于领先位置，这显然是组织学习与创新学习的结果。可以说，学习型组织的构建是使华为公司成长为有竞争实力的世界级公司的重要原因之一。

一、学习的主体是人

"人力资本增值的目标优先于财务资本增值的目标"一条被明确写进了《华为基本法》，这也成为华为培训人才的宗旨和目标。任正非说："在华为，人力资本的增长要大于财务资本的增长。追求人才更甚于追求资本，有了人才就能创造价值，就能带动资本的迅速增长。"

华为强调，虽然人力资本不断增值的目标优先于财务资本增值的目标，但人力资本的增值靠的不是炒作，而是有组织的学习。让人力资本增值的一条途径是培训，而华为的培训体系经过多年的积累，已经自成一派。

任正非对于培训有一个精辟的见解："技术培训主要靠自己努力，而不是天天听别人讲课。其实每个岗位天天都在接受培训，培训无处不在、无时不有。成功者主要靠自己努力学习，成为有效的学习者，而不是被动的被灌输者，要不断刻苦学习提高自己的水平。"可见，华为培训的本质或许并不单单是让员工具有某种技能，而是培养他们自我学习的能力。

华为旨在把自己打造成一个学习型组织，因此建立了一套完善的、以华为大学为主体的华为培训体系，集一流教师队伍、一流教学设备和优美培训环境于一体，拥有千余名专职、兼职教师和能同时容纳 3000 名学员的培训基地。

华为的培训对象很广，不仅包括本公司的员工，还包括客户方的技术维护、安装等人员；培训不仅在国内进行，也在海外基地开展。同时，华为还建立了网络培训学院，培养后备军。

二、学习动力

如何才能让新员工主动学习、提高自己呢？华为采取的办法是全面推行任职资格制度，并进行严格的考核，从而形成了对新员工培训的有效激励机制。

譬如，华为的软件工程师可以从一级做到九级，九级的待遇相当于副总裁。新员工进来后，如何向更高级别发展、怎么知道个人的差距？华为有明确的规定：比如一级软件工程师的标准是写万行代码、做过什么类型的产品等。有明确的量化标准，新员工就可以根据这个标准进行自检。

任职资格制度的实施较好地发挥了四个方面的作用：一是镜子的作用，照出自己的问题；二是尺子的作用，量出与标准的差距；三是梯子的作用，知道自己该往什么方向发展和努力；四是驾照的作用，有新的能力了，便可以应聘相应职位。

除任职资格制度外，华为还通过严格的绩效考核，运用薪酬分配这个重要手段，来实现"不让雷锋吃亏"的承诺——考核结果仅仅相差一个档次，收入差别就可能是 10 万元、20 万元，甚至更多，所以华为不存在"大锅饭"问题。华为就是通过这样的方式来识别最优秀的人，给他们更多的资源、机会、薪酬和股票，并以此鼓励员工不停地向上奋斗的。

三、导师制

华为是国内最早实行"导师制"的企业。要做华为的导师就必须符合两个条件：一是绩效必须好，二是充分认可华为文化。华为的导师最多只能带两名新员工，目的是确保成效。

在华为，导师除了对新员工进行工作上的指导、岗位知识的传授外，还要给予新员工生活上的全方位指导和帮助，包括帮助解决外地员工的吃住安排，甚至化解情感方面的问题等。

四、岗位轮换与人才流动

华为员工的个人成长呈"之"字形，即一个员工如果在研发、财经、人力资源等部门做过管理，又在市场一线、代表处做过项目，有着较为丰富的工作经历，那么他在遇到问题时，就会从全局考量，全流程地考虑问题。

任正非一直强调干部和人才的流动，不仅在华为形成了例行的轮岗制度，还要求管理团队不拘一格地从有成功实践经验的人中选拔优秀专家及干部；推动优秀的、有视野的、意志坚强的、品格好的干部走向"之"字形成长的道路，培养大量的优秀团队。

五、授权与决策

华为强调"让听得见炮声的人来呼唤炮火"，就是要求"班长"

在最前线发挥主导作用，让最清楚市场形势的人指挥，提高反应速度、抓住机会、取得成果。这要求上级对战略方向有正确的把握；平台部门对一线组织能形成有效支持；"班长"们具有调度资源、及时决策的权力。其基础是组织和层级简洁而少（比如3层以内），决策方式扁平、运营高效。这样，战争的主角——优秀的"班长"们，就会在战争中主动成长，从而成为精英中的精英。

ORGANIZATION DEVELOPMENT OF FACTOR

第五章 C&B：用薪酬福利撬动企业战略

　　各个行业的竞争愈演愈烈，人才的吸引与保留成为企业竞争的关键，而新生代员工对"幸福感"有更高的要求，薪酬福利如何能起到更重要的作用？这就要求我们要把"职场幸福感"落到实处，不仅仅是企业"做到"，更要让员工"看到""听到""感受到"。和谐的工作环境与劳动关系、有竞争力且可持续发展的薪酬、多样化的员工福利、多元化的成长平台等，可以不断提升员工的职场幸福感，让员工有更多的获得感。

　　在企业管理中，如何让薪酬更好地发挥杠杆作用是一个比较宏观的话题。薪酬体系的设计是一项系统性和专业性很强的工作。要想让薪酬管理发挥杠杆作用，首先应当明确"杠杆"要撬动的是什么，即根据企业的战略目标确定公司在当前阶段希望重点激励的是什么。

第一节 | 从 Payroll 到 C&B

Payroll（薪酬福利专员）的工资水平一点也不低，至于最终能做到什么程度，与个人能力息息相关。

一、Payroll 的含义

Payroll 是介于人力资源部门和会计部门之间的一个职位——在澳大利亚，Payroll 有时属于人力资源部门，有时属于财务部门。其实，它与两个部门的关系都很紧密。Payroll 的主要工作是发放工资。在国内，工资制度很简单，发工资在系统里设置好就可以自动发放了，不需要过多的人工处理。

从 HR 的角度来看，Payroll 除了协助 HR 处理员工入职、离职的工资方面的事务，还要协助 HR 对政策进行监控，以确保公司在工资制度上完全符合国家的相关政策。因为一旦在这方面被查出违法，公司会面临很重的罚款。与此同时，Payroll 也要协助 HR 对在职员工的情况进行统计及分析。

从财务的角度来看，劳动力成本一直是每个公司的最大成本，Payroll 要协助公司很好地控制这一成本、合理规划工资结构，要为财务部门提供大量的分析报告。

二、Payroll 的职业前景

许多 HR 总监或财务总监都曾提到，找一个好的 Payroll 比其他职位难很多。一个主要原因是，大部分优秀人才都不愿涉及 Payroll 领域，许多人即使从事了 Payroll 工作，也只是把它当作跳板。这可能是因为 Payroll 一直被认为是技术含量低的工作，对学历要求较低，发展空间不大。其实，Payroll 有很多优势。

第一，实际上 Payroll 的工资一点也不比别的岗位工资低。当然，如果你的目标是财务总监，Payroll 可能就不适合你了。

第二，门槛低，没有任何财务背景或其他学历的人都可以做。

第三，需求量大。一旦有了工作经验，将来就不愁找工作了。

第四，由于 Payroll 中低学历的人很多，所以如果你有 CPA 等资格证，就很容易脱颖而出。目前，公司对成本控制的管理越来越严，所以有财务背景的人做 Payroll 的优势更明显，也有更大的发展空间。

第五，工作轻松。因为 Payroll 的截止日期非常明显，所以为了保证工资能够及时发放，工作量一般都非常合理，而且由于工资不能拖延，如果你休假，就一定会有人顶替，不可能留到你回来再做。

第六，由于 Payroll 体系要严格满足法律规定，不可能有太大的灵活性。各种 Payroll 体系都非常相近，可以一通百通。

总之，Payroll 有很多优势，职业前景也不错。

三、Payroll 的基本要求

在 Payroll 行业中，绝大部分人是低学历的。在澳大利亚本地人中做这一行的大都是低学历，而有学历的移民也不愿待在这一行，但 Payroll 的需求量很大，原因如下。

第一，任何公司只要有员工就需要 Payroll。

第二，薪酬处理流程的自动化程度低，大部分工资、资金等是需要人来处理的。

第三，Payroll 的截止日期非常明显，如果有薪酬专员休假，就必须找相同岗位的其他同事来做，不可能等薪酬专员回来再做。

四、C&B 不仅仅是发工资

很多人认为 C&B 的工作就是发放工资和缴纳五险一金的。事实上，支付工资只是薪酬和福利管理中最基本、最简单的工作，而且由于其简单性，越来越多的公司将其交给外包公司。

很多人认为 C&B 很神秘——C&B 很少表达自己的想法，也不太谈自己的工作。其实，C&B 不是天生冷漠、拒人千里之外，只是因为多数公司规定薪酬保密（类似制造业的普工统一标准的职位或完全靠业绩吃饭的某些销售人员除外）——通常情况下，在一个公司里，员工只知道自己的薪酬，在这方面最多是跟关系不错的同事私下交流。除老板、HRD 外，只有 C&B 能看到所有人的收入。而同样基于保密的原因，C&B 自然会对自己的工作守口如瓶，行事低调。

公司不让竞争对手知道自己所支付的薪酬，一个原因是怕竞争对手花高价挖走人才，给公司带来巨大的损失。实际上，还有另外一个更重要的原因：薪酬这件事，永远都只能是相对公平，而做不到绝对公平。拿 5000 元的人会想凭什么他拿 8000 元？拿 8000 元的那个人想凭什么另外一个人拿 1 万元？拿最高薪酬的那个人想，自己比第二个人付出的多太多了，凭什么只比他多 2000 元？

试想一下，如果公司里每个人都知道身边人的收入，相信每个人都会有强烈的不满心理，那么，承受压力的就是老板和 C&B。“不患寡而患不均”，这是人的天性。所以薪酬这件事，知道的人越少越好，做薪酬的 C&B 越低调越好……

第二节 | C&B 成长的四个阶段

C&B 是个技术活儿、苦活儿、累活儿，但也是个非常有意思的话儿。据说，多数公司的 CEO 是 CFO（财务总监）出身，或是销售出身，很少有 HR 出身，这可能是因为 HR 发展较晚。相信不久之后，就会看到很多 HRD 出身的 CEO，并且这样的 HRD 中会有来自 C&B 的身影。C&B 的成长分为四个阶段。

一、奠定基础阶段

这个阶段的 C&B 的主要任务：支付工资及发放各种福利；做各种报告和简单的数据分析等；基本上整天都在处理一堆数字，被称为入门小朋友——"表弟""表妹"。有关于员工薪酬的问题以及为员工开收入证明的琐事——对不起，把它列为杂事，虽然这对用户很重要，但它是关于 C&B 的工作。

事实上，这真的是一件简单的杂事。当然，也只有那些愿意做这些杂事的人才会有更长远的发展。入门 C&B 要具备的素质如下。

（一）基本知识

如 C&B 专业知识、劳动法规、财务常识等。后面两项只要了解与 C&B 相关的内容就可以。

（二）基本工具

对 Excel、统计分析方法、E-HR 系统等要熟练掌握，这些都是基本功；处理大量数据时，要保证既快又准——这是个技术活儿。

（三）性格

第一，要细心，因为在工作中要处理数字；第二，要友好，员工问为什么奖金低于上个月时，可爱的笑容自然比冷漠的表达更容易被接受。大多数公司总是重视员工对人力资源工作的满意度。

（四）个性

要愿意一个人忍受艰辛。这个阶段是最"无聊"的——许多工作重复一个月又一个月，重复 12 次后，一年过去了。另外，还必须能够承受孤独——只有能够忍受孤独才能培养出 C&B 最重视的品质，即对数字的敏感和严谨的工作态度。

很多人认为，在人力资源部门的各个职位中，最痛苦和压力最大的是 C&B。其他岗位的工作如果做得对，那就是结果，如果是错误的，后果也不会太严重，而且会得到纠正；C&B 做正确了还好，稍微有点疏忽，直接被投诉是必然的——人对错误薪水的宽容总是最低的。在这个阶段，太多的 C&B 要崩溃了，他们称这个阶段是"剑中有一把剑"。

这里想提醒你的是，这个阶段的 C&B 手上掌握大量信息和工具，不仅要使用它，还要尽可能地了解为什么要做这些事情——思考是向前迈出的第一步。

二、初步成长阶段

在这个阶段，最有价值的变化：你可以提出自己的建议了！

经过前面1—2年或者更短时间在 Payroll 等基础操作上的历练，C&B 熟知了公司在薪酬方面的各种游戏规则和数据，也彻底接受了公司价值观的洗礼，所以开始能够运用规则、作出自己的判断了。

这个阶段 C&B 有了很多新鲜的工作内容，如职位评估、职级评定、定薪建议（包括新员工入职定薪和老员工加薪建议）等，简单地说，就是 C&B 终于能够影响别人的收入了！

那么，影响力在哪里呢？以新员工入职的定薪为例：多数公司都有严格的薪酬规则，但也会留出一定的灵活空间，比如某个职位只要求月薪在 5000 至 5500 元之间，此处，这一阶段的 C&B 就可以给出自己的意见、判断，甚至决定了。很多人想不到，大家的工资可能多少会受这一阶段的 C&B 的影响，而他也许只是一个普通职员。本阶段对 C&B 新增的要求如下。

（一）知识

熟练掌握各种薪酬理论和薪酬福利工具、HR 其他模块的工作内容（比如招聘、绩效）、熟知其他部门的工作职责和岗位职责。

（二）心态

HR 的收入肯定不是公司里最高的，在看到那么多人比自己的收入高时，要保持冷静。

常会听到这样的声音："我每个月才 5000 元，某某的工作时间比我还短，凭什么他的工资 5500 元？"这是面对薪酬常见的逻辑。然而，其他人可以用这个逻辑思考，但 C&B 不能！C&B 必须站在公司立场，用公司的价值观进行决定和判断，而不是用你自己的立场和价值观。

提到心态，在这个阶段，C&B 的年薪也就 10 万元出头，但他已经能够波澜不惊，把金钱当数字看了。这个阶段的 C&B 的特点即"手中有剑，心中无剑"。

另外，公司里的员工真的很有必要弄清楚公司里谁是这个阶段的 C&B 或是谁在做类似的事情。哪怕你的级别比他高，也一定要对他态度好点儿——有时候他的一念之差，就会让你的薪资多那么一点点或少那么一点点。

当然，相信大多数 C&B 还是客观公平的。

三、大力发展阶段

C&B 做到了这一级，就拥有了作为 C&B 的核心竞争力。

在这个阶段要做的事情包括：建立各种制度，并制定规则和系统，以确保整个公司有效运作。通俗地说，你开始制定游戏规则了！这部分规则是不同公司的 C&B 之间的核心差异。能够根据公司的行业、发展阶段和市场变化提供最合适的游戏规则，这才是 C&B 的核心价值！本阶段对 C&B 新增的要求如下。

（一）知识

对各种薪酬管理模式和薪酬工具了如指掌、熟练运用；熟悉公司的运营方式、盈利模式、市场变化和竞争对手等各种信息。

（二）能力

周密的逻辑能力、全局统筹能力和判断力。

举个例子：前几年，新加坡有家挺出名的投资公司倒闭了。为什么会倒闭呢？因为他的客户——一群老头、老太太集体到政府门口请愿要求公司退款。

为什么要退款呢？因为他们买了这家公司的高风险投资产品，血本无归。

为什么风险承受力低的老头、老太太会买这么高风险的投资产品呢？因为销售人员卖产品时，诱导甚至欺骗了他们。

为什么销售人员敢这么明目张胆、集体欺骗客户呢？因为这个产品的风险周期及投资回报是中长期的，但红利在短期内就可以兑现，销售人员贪图短期利益进而冒险，为了业绩无所不用其极。

为什么红利要在短期内就兑现给销售人员呢？当然是红利的规则设计出了问题！——C&B 严重失职。

当然，一个公司倒闭的原因没有上面这么简单，但这足以说明，C&B 定的所有游戏规则都会因利益驱动、引导相应的行为，就像最开始倒下的那块多米诺骨牌。所以，C&B 定的任何游戏规则都要慎而又慎。

在前面 C&B "手中有剑，心中无剑"的阶段，我们建议 C&B 要把金钱当数字看，保持淡定心态；在这个阶段，则应该做到"手中无剑，心中有剑"，也就是"敬畏心"。因为这个时候，C&B 的工作不一定会直接影响某个人的薪酬，却可能会影响整个公司。所以，一定要把你手中的每个数字当钱看，要知道每个数字会激发什么样的行为、对公司产生什么样的后果。

四、卓越统领阶段

这个阶段的主题是"手中无剑，心中也无剑"，就是你前面所有的知识、技巧，都应该上升为职业敏感和职业意识，成为第六感，而不再拘泥于任何形式。

最近几年在C&B中出现了"整体报酬"或者"全面薪酬"的概念，即薪酬不仅仅是13薪、年终奖这样的货币化薪酬，还包括了商业保险、职业培训、食宿、工作环境，甚至发展机会、公司品牌、团队氛围等各种非货币化报酬。也就是说，C&B除了管"钱"，还要管更多的内容，包括员工关系、绩效激励等领域的内容。

另外，到了这一步的C&B应该至少是管理者了，或者是HRD，在有些公司甚至可能是CEO了——这取决于公司大小、HR的地位以及老板的授权程度。

本阶段C&B的能力标志和主要工作如下。

（一）视野

C&B在第一阶段看到的是数字；第二阶段看到的是游戏规则；第三阶段看到的是整个公司的运作；第四阶段则要看到所在公司以外的整个行业、整个市场乃至整个社会。因为第四个阶段的C&B是一个公司的舵手，需要看到公司的行进方向，同时要具有前瞻性和敏感性，要对行业变化、市场变化、宏观经济的变化进行判断。

可能有人会问，说到底，C&B也还是个HR，需要管那么多吗？HR对一个公司的作用真的非常重要。

举个例子，前段时间新闻反复在说"中国的劳动力供给正达到顶峰，之后的劳动力供给会下降，逐步进入老龄化社会"。如果是一个制造行业，且为劳动密集型公司的C&B，看了这条新闻会有什么想法？

第一，预估劳动力供给减少，可能导致人工成本提高，测算对公司利润的影响。

第二，向老板建议考虑用技术替代人工的可行性，如果在业务层面可以通过，则需要着手储备培养技术骨干。

第三，C&B 对规划作出相应调整：

第一步，着手建立适合技术人员的薪酬体系，比如从薪级制改用宽带薪酬。

第二步，制定未来 5 年的人员配置规划和人力成本投入计划，逐步提高骨干员工的薪酬水平。

第三步，为关键员工提供更多的养老保险和意外险等各类商业保险，减轻他们的经济压力。

在实际操作中，第二步和第三步很可能是同步做的，涉及各种情况下的大量测算。

（二）影响力

这个阶段的 C&B 会不断地去影响和说服别人：每年年初跟老板争取在人力成本上的投入；每次发奖金，都需要说服各个部门接受你的方案；还要时不时地处理对薪酬不公的投诉，而通常上升到你这里的都是棘手的案件或者是难缠的主，因为涉及切身利益，C&B 面临的冲突要比别的领域更严重。

那么应该怎样处理呢？笔者的感受如下：各种技巧都是需要的，但更重要的是作为 HR 的影响力（也可以说是威信、气场、魅力等），而影响力要日积月累。这部分是通用能力，就不详细说了。

（三）人性的洞察力

这个也是 HR 的通用能力，这一能力决定了你会一直停留在 C&B 的水平，还是会成为 HRD。

因为 C&B 的绝大部分常规工作都在前三个阶段解决或正常运转，而到这一级的都是特例、存在在游戏规则之外的案例。怎样处理制度和体系规则之外的个案？除了能力，还取决于对人性的洞察力。

第三节 ｜ C&B 六大策略

薪 酬策略，是指将企业战略和目标、文化、外部环境进行有机结合后，制定的对薪酬管理的指导原则，为薪酬制度的设计与实施提供了指导思想。相对于同规模的竞争性企业，薪酬策略主要是指其薪酬支付的标准和差异。

对于员工的薪酬激励，HR 总是面对尴尬两难的境地，比如：

- 员工在薪酬问题方面永远"涨"无止境。
- 普遍调薪和季度奖励依然无法调动员工的激励性。
- 节日福利、日常津贴成了"食之无味，弃之可惜"的"鸡肋式"激励。
- 搭建薪酬体系太难、以平滑曲线增长太难，都是无序的增长，增加了好多工作量。

……

原因其实很简单，很多企业在"头疼医头，脚痛治脚"的薪酬管理中，缺少一种原则性设计，即"薪酬策略"，而薪酬策略又无统一标准可言。对此，笔者总结出了"一图六点"框架式的薪酬策略解决方案，方便记忆也方便使用（如图 5-1）。

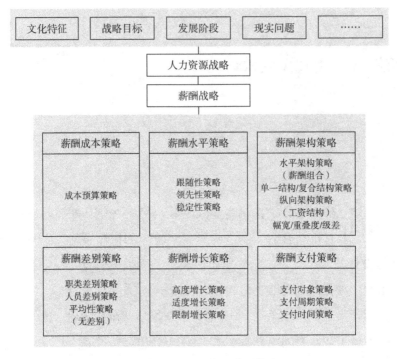

图5-1 "一图六点"薪酬策略

一、薪酬成本策略

即将薪酬总额看作一种经营成本,与其他成本项目一起进行总体预算与控制。在一些企业或者部门内,存在这种以成本总额定薪酬的策略,这是一种上限思维。具体操作是从总成本分解到部门成本,再分解到岗位成本;还有就是定层级或职级成本。成本策略展示了一种薪酬管控思想,有些多元型股份公司对子公司高管团队的管控仍采用这种策略。

二、薪酬水平策略

很多企业都以薪酬水平作为薪酬策略的核心,这个理解是不妥的。薪酬水平策略只能应用在薪酬水平这一个方向，是和其他五个策略共同作用形成薪酬策略的。薪酬水平策略主要是制定企业相对于当地市场薪酬行情和竞争对手薪酬水平的、企业自身的薪酬水平策略。供企业选择的薪酬水平策略如下。

（一）领先型

定位高于市场薪酬中位水平的策略被称为领先型薪酬水平策略。职场中俗称"高薪"，在吸引和留住员工方面都具有明显优势，员工满意度也相对较高。领先型薪酬水平策略不仅能获得大量的精英人才，而且在人才竞争中与竞争对手起到抗衡和领先的作用。华为的毕业生起薪一直采用领先型薪酬水平策略，目的就是留存每年最优秀的人才。

（二）跟随型

与市场薪酬中位水平基本持平的策略就是跟随型薪酬水平策略。跟随型薪酬水平策略是多数企业所采取的策略，这样一方面不会因薪酬水平过低而吸引不到、留不住员工；另一方面也不会因支付过高的薪酬而增加成本。

（三）滞后型

定位低于市场薪酬中位水平的策略被称为滞后型薪酬水平策略，风险很高。一方面是招不到人，另一方面离职率会加大、员工满意度会降低。它产生的最主要的影响是员工的质量——较低的薪酬水平是吸引不到高级人才的。但是，这也并不是说滞后型薪酬水平策略一无是处，很多初创企业或者企业在某个特殊发展阶段采用滞后型薪酬水平策略，配合的是股权激励、更多的培训、更大的成长空间、更多参与管理和决策的机会，以及更多的带薪假期等。比如，格兰仕公司就长期使用滞后型薪酬水平策略，它之所以能长期使用滞后型薪酬水平策略，主要是因为外部人才选择余地大、上岗培训成本低、时间短，以及同行业薪酬水平差异不是很大。

很多人认为，还有一项是混合型薪酬水平策略。在企业中针对不同的部门、不同的岗位、不同的人才，企业会采用不同的薪酬水平策略。笔者认为，这其实就是一个伪定义，不同的薪酬分配是由薪酬水平策略和其下的薪酬差别策略两者结合而形成的综合策略。

三、薪酬架构策略

薪酬架构有两方面维度，即横向架构和纵向架构。薪酬横向架构，就是日常所说的薪酬结构或薪酬组合，指薪酬由哪些部分构成、各占什么比例。在实际应用中，一般都是绩效薪酬和基本薪酬各占一定的比例。当两者比例不断调和变化时，这种薪酬模型就可以演变为以激励为主的模型，也可以演变为以稳定为主的模型。

薪酬纵向架构策略是指薪酬分为多少层级、层级之间的关系如何。主要有三个可监测的变量：幅宽、级差和重叠度。

四、薪酬差别策略

薪酬差别策略是一个比较重要的策略，但是在实际操作中往往被忽略，而且很多薪酬理论对此都避而不谈。笔者在归纳薪酬差别策略时，将薪酬差别策略厘定为三个方面：职位差别策略、人员差别策略和平均策略（无差别）。在传统企业里，职位分类并不明显，一般都分为机关和工厂，二者的区别是工种区别，在薪酬上的体现也不是很大。现在在新兴企业里，新兴职位出现、创造力较高的职位也越来越多，因此职位分类也会越来越细，对薪酬的促进和激励作用要求也越来越高。职位不同，薪酬策略肯定是不同的，如果仍然"一刀切"，势必导致平均，也就是分配不均。

很多小型企业的工作很难区分得很细，经常是一岗多职，这种情况也是常见的。应用薪酬差别策略，就能够体现员工之间的差别，厘定出核心人员和继任者。不仅仅是小型企业，在大型企业中，在以职位和能力为基础的人力资源管理中，薪酬差别策略也是必要的一环。

五、薪酬增长策略

薪酬增长在现代薪酬管理中的功能也是越来越普遍。随着经济和 CPI 的增长，薪酬也随之增长，很多员工离职不是因为薪酬水平低，而是因为薪酬增长受到限制。关于薪酬增长策略的说法较为零散，笔者经过总结认为，统一为薪酬增长策略之后，对于市场流行的"一步到位"和"小步快跑"的零散策略也就有依据可循。所谓"一步到位"和"小步快跑"，其本质都属于"高度薪酬增长策略"，只不过将其和薪酬支付策略进行结合，导致周期不同、人的感知不同、作用效果也不同。心理学中对心理预期有一定的研究，结论是薪酬增长在 7% 以上时，人的心理能够感知到增长，现实调研的结果也的确如此，当薪酬涨幅较低时，收到的回馈往往更多的是员工的谩骂和抱怨。

六、薪酬支付策略

"薪酬策略是一门科学，也是一门艺术。"笔者很赞同这句话。薪酬策略作为一门艺术主要体现在薪酬支付策略里。在薪酬支付策略中，对时间的把控是有一定艺术性的操作，月薪的可操作性不大，但浮动薪酬的发放时间和时机就很值得思考。比如，年终奖的发放，很多企业是在年前，在发现年后离职率较高时，又把年终奖延后发放。但是，员工对此并不满意。年终奖虽然具有一定的激励作用，但是毕竟是与公司利润及个人业绩挂钩的，一个财年的数据核算出来后，就应该及时发放。过于延迟，反而适得其反。

因此，充分学习、理解了薪酬激励理论的人如果能够合理运用薪酬支付策略，就能达到事半功倍的效果。

第四节 ┃ C&B 薪酬调整模型：4C 体系化调薪

年度调薪是个大工程，很多 HR 好不容易说服老板批下调薪的额度，但最后常常落得多数员工闹情绪、不领情，有的时候还真的是得不偿失。此外，调薪不当还可能会引发离职。那么，如何调薪才是正确的？

一、薪酬调整三难境界

很多企业的调薪规则是根据外部调研及企业经营情况确定的。可供调薪的总规划，由每个部门按照年度绩效评价及战略重要性这两方面内容分配调薪比例，由部门负责人决定，然后报上级审批，上级审批之后即可生效。这个过程无可厚非，很多企业可能都这么操作。

差异化调薪是为了避免大锅饭。简单来说，员工的能力、业绩有高下之分，调薪结果也要体现出这种差异。而最主要的一点，就是调薪依据要让员工看得见、算得清，又非常信服。这对 HR 来说是一件比较难的事情，也是一个扣分题，做得好不加分，做不好就有可能引发众怒。所以，HR 在做这项工作时，一定要找到定位！只有把自己放在组织者而非裁判者的位置上，才能更好地组织和落实年度比较具有挑战的工作。

调薪会让 HR 陷入三难境界。

首先是老板。他眼中的 HR，对该涨的一定要涨，不该涨的一定不要涨。组织者和老板认为既然花了这份钱，就要产生相应的价值。这个时候 HR 关注的就是老板的价值观和组织者的价值观，这就是依据。

其次是业务部门经理。他会顾及他的团队，不能让下属失去积极性，还对人力有看法。所以，HR 这个时候就更希望用专业去跟业务部门进行博弈，他们给业务部门经理讲解相关的工具和方法，讲明白这些工具方法背后的时间意义以及人心向背的问题。

最后就是员工本身。员工是有预期的，都希望涨工资。但是，如果涨得不多，或者是和其他人相比不公平，员工可能会离职。

年度调薪是一项具有挑战性的工作，它会让 HR 陷入三难境界，同时也考验着 HR 的专业性和情商。

二、4C 薪酬调整理论

4C 薪酬调整理论比较系统，调薪的依据性也非常强，能够满足企业的很多需求（如图 5-2）。

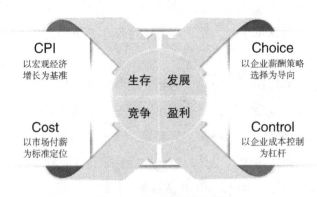

图 5-2　4C 薪酬调整理论

在 4C 模型中，CPI 是指以宏观经济增长为标准，Choice 是指以企业薪酬策略选择为导向，Cost 是指以市场付薪为标准定位，Control 是指以企业成本控制为杠杆。很多企业认可 4C 薪酬调整理论，现在就看一下 4C 模型是怎么来调薪的，了解 4C 模型到底调整多少、每一个岗位调整多少，或者是每一类岗位调整多少。

（一）以宏观经济增长为基准

宏观经济的 CPI 在经济学领域中是比较常用的，用来衡量物价指数，关系生活的方方面面。

CPI 是调薪的一个砝码。如果单纯用 CPI 增幅去调整薪酬涨薪幅度，那么这种算法会非常差。所以，要先把 CPI 细分到地区、城市，再把 CPI 细分到肉、蛋、奶、鲜菜。细分之后，数据就更有说服力。

不仅要 CPI 的相关数据，还要其他数据——比如 GDP、CPI 等相关数据及工资增长的基准线。这些都是政策类的需求，也算是一个参考对象，薪酬不能低于政策的指导线，要按照国家的最低的工资指导线去做。此外，除 CPI 和最低薪最低工资增长基准线外，还有市场对接问题。

（二）以企业薪酬策略选择为导向

薪酬策略选择 4C 中的第二个 C 有一个子模型，就是 3R 模型，3R 模型有三个部分：人力资本投资回报率、人事费用率以及人工成本率。但是，很多企业可能只重视一个指标，即人力资本的投资回报率。

如果说只是单一地参考一个数据，那用一个数据去做就可以了。如果希望三个数据都很全面，就要选择综合的一种方式去体现，比如说，三角形雷达图。看一个面积的趋向，要看是趋向于人力投资回报率，还是投资费用率。然后再将它与行业内的指标进行对比，就会发现很多行业是注重成本的，因为人工成本在逐年增高，也会发现很多企业是注重效率的，而不是回报的。这是企业的薪酬策略的问题。

互联网企业基本都是要投资回报率的，因此可以用高薪去招聘人才，但人才的贡献要更大。还有很多制造业，用工要减少，机器和折旧成本就会很大。因为人工成本逐年增高，人工要尽量减少，所以就需要人工成本率。

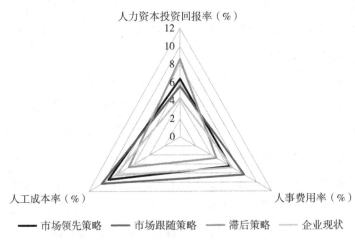

图 5-3　薪酬策略选择—3R 模型

很多人愿意对中层投入更多的培训和绩效，让中层享受更多的福利，然后激励他去承担更多的目标和指标。所以，薪酬策略就是企业价值观的兑付。每一个企业都是要付薪的，但不能因为所有人都要付薪，薪酬就没有一定的侧重点和导向性，这样很容易产生问题。

1. 管理层的调薪

对挣年薪的人来说，国家工资的调整意义不大，对管理层的调薪体现在奖励制度上，如果绩效管理和奖励制度完成得出色，就多给一些奖励。所以，笔者对高管的薪酬策略选择还是倾向于奖金。

2. 员工层面的涨薪

对于员工层面的涨薪，一定要对岗位等级进行划分，并且要系统性地涨薪。所以岗位等级划分还可为薪酬选择提供一个依据。

表 5-3 岗位等级划分

项 目	具体内容
划分专业	以专业涉及人数、流程规范性、专业深度为基础，对涉及开发职务序列进行专业划分
设计职业发展通道	根据各个专业的工作任务、涉及流程、工作经验、工作要求等要素设计各个专业的职业发展通道，特别是涉及职业转换专业的通道设计
设计标准开发详细日程	根据确定的专业数量，设计详细的专业开发日程表

划分完职位、职级之后就要定义等级和等级的条件。这个要求可以联系任职资格标准，简单地开发一个小模型。比如设计专业等级——高级主管级应有什么样的条件，一句话描述出来就可以了，这样就能跟业务部门达成一个共识，即主管级具备什么条件才能达到这个标准、才能涨薪。

助理和专员的岗位要求比较低，那么涨薪可能也低一些，也要跟业务部门达成共识。所以，通过一句话去定义等级和等级条件的标准，也是为了调薪以及后期的人力资源管理有据可依。

表 5-4 专业岗位薪酬结构设计

职 位	薪酬结构
产品策划经理/产品研发经理/项目经理/技术支持经理	底薪＋奖金（项目奖＋年终奖＋单项奖）＋补贴
研发专员/研发助理/产品策划专员	底薪＋奖金（年终奖＋项目奖）＋补贴
标准专利专员/技术支持专员	底薪＋奖金（年终奖＋单项奖）＋补贴

职　　位	薪酬结构
项目经理	底薪＋项目进度奖金＋项目质量奖金＋补贴
工程设计	底薪＋施工图奖金＋竣工图奖金＋补贴

（三）以市场付薪为标准定位

现在很多薪酬数据已经公开，大家能够在网上免费获取一些报告及相应的信息。例如，在市场上找到了十个薪酬，可以对这十个薪酬进行简单排序，形成自己的初、中、高的分位值，然后就可以拉出薪酬水平曲线了——把这些数据放进曲线去，点击右键，"生成"曲线就出来了，这样你就可以看到不同的职位和不同的职级薪酬。

薪酬的整体定位要体现出一定的科学性。比如，华为这样的企业定的就是高位，这种薪酬定位会吸引大量的人才，三年后这些人大多会成为公司的中流砥柱。所以，要有清晰的、有层级的定位。

（四）以企业成本控制为杠杆

成本指数的确定还是相对简单的。所以，使用调薪方案参考表5-5就可以了。实际涨薪的幅度应该是通过成本来控制的，如果企业非常注重员工的生活水平，那么CPI的权重占80%，剩下的占20%；当然，也有比较重视的策略选择。总之，权重在意哪一个，价值观导向就在哪里，这就是权重设置的基本原理。所以，这张表做好之后，就可以呈报给高层，做出四级诊断和4C的薪酬调整模型，然后让高层对涨薪幅度和预算金额做结论。然后根据这个再进行细分，是专业岗位、高管岗位，还是普通岗位？员工岗位应该涨多少？是涨到了固定薪酬里、还是涨到其他薪酬结构里，等等。

表 5-5　4C 模型的调薪方案

部　门	岗　位	目前薪酬	薪酬定位	市场参考值	理论涨薪幅度	实际涨薪幅度	成本杠杆后的涨薪幅度
人力资源部	人力资源部经理	155900	50 分位	169152	8.5%	8.5%	8.5%
人力资源部	薪酬主管	71500	50 分位	78293	9.5%	9.5%	2.5%
人力资源部	人力资源部专员	55500	25 分位	56666	2.1%	2.5%	2.5%
财务部	财务经理	174100	50 分位	183850	5.6%	5.6%	2.5%
财务部	财务主管	83900	50 分位	85998	2.5%	2.5%	2.5%
财务部	会计	51412	25 分位	53160	3.4%	3.4%	2.5%
研发部	研发经理	183100	75 分位	205988	12.5%	12.5%	12.5%
研发部	研发主管	103510	50 分位	109410	5.7%	5.7%	5.7%
研发部	系统架构师	73100	75 分位	85819	17.4%	17.4%	17.4%
工程部	工程经理	169672	50 分位	175441	3.4%	3.4%	3.4%
工程部	维修工程师	64128	25 分位	64962	1.3%	2.5%	2.5%

　　最后是一个调薪方案。它的流程是这样的：薪酬调查、汇总资料、进行简单测算并出具测算表单，将相应的表单和调薪建议方案准备好，然后去呈报检验，检验后要向各部门主管负责人说明。在预案审批后，就可以去业务部门做一些相关工作，比如就调薪原则和依据进行沟通。

　　所以，要把整个沟通环节放在年前，要抓紧时间做预案、做计划，并上报批复。在得到简单批复后，就要马上去进行沟通（沟通顺序：集团内部、公司内部、外部公司），尽快让调薪方案顺利实施，不要留下遗憾。

第五节 ┃【案例】海尔 C&B 钻石模型（全面的薪酬福利体系）

海尔在企业薪酬方面有许多值得其他企业学习的地方，也是其取得成功的因素，研究其全面薪酬福利体系对其他企业具有推广和借鉴意义。

一、海尔的 C&B 钻石模型

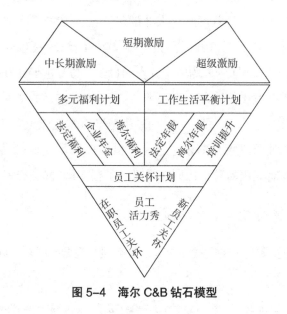

图 5-4　海尔 C&B 钻石模型

海尔集团是世界白色家电第一品牌，连续 8 年蝉联中国最有价值品牌榜榜首。合理有效的薪酬体系不但能有效激发员工的积极性与主动性、促进员工努力实现组织目标、提高组织效益，而且能在人才竞争日益激烈的知识经济下吸引和保留住一支素质良好且有竞争力的员工队伍。

二、海尔的人力资源管理战略

谈到薪酬与福利就不得不说海尔的人力资源管理制度。薪酬与福利制度属于人力资源管理的范畴，人力资源管理是对人力资源进行有效开发、合理配置、充分利用和科学管理的制度、法令、程序和方法的总和。当今企业之间的竞争是科技和人才之间的竞争，在开发人力资源方面，海尔就比一般企业做得好。

（一）国际化的企业，国际化的人

海尔一直倡导走国际化的路、创国际化的品牌。在这种思想的指导下，海尔加快了培养国际化人才的步伐。自 1997 年开始，海尔便已经认识到，要想成为国际化的名牌，其员工首先一定要具备国际化思维。这是海尔集团的人力资源开发的目标，也是他们正在做的事。

海尔在拓宽国际市场、建立海外基地的时候，并未采用"从企业本部外派内部人才"的方法，而是采取微软本土化融智①战略，聘请当地人出任管理层。海尔的这一举措，加快了企业产品、文化与本地人、本地文化的融合，同时也吸收了很多国外的管理经验。

（二）要素有用，人人是人才

在人力资源配置的过程中，有一个必须要遵循的原则，即要素有用

---

① 融智：融通智慧。在1992年13省市自治区经济法学术会议上邹晓辉的论文中正式提出。

原理，换言之，没有无用的人，只有没用好的人。海尔管理层认为，企业不缺人才，人人都是人才，关键是能不能把所有人的潜能全部发挥出来。

（三）定额淘汰制

"没有功劳，也有苦劳"，这句话大多数人都赞同，但是海尔却没有这种说法。只要你的业绩在淘汰范围之内，你就会被淘汰。这种做法看起来似乎有点不近人情，但是它不仅可以提高员工的效率，而且是一种很公平的方法，可以避免人浮于事、人情大于事业的现象出现。物竞天择，适者生存，这种"无情"的淘汰制让无数员工不得不努力工作。

三、海尔的薪酬福利体系

（一）海尔的全面薪酬体系

1.薪酬福利表格
如果说薪酬是直接报酬，那么福利便是企业给员工的一种间接报酬。关于海尔的薪酬种类，可以参考图5-5。

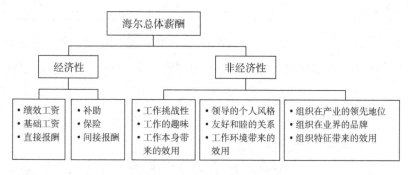

图5-5　海尔的薪酬种类

2. 多种工资模式

海尔实行分层、分类的多重补偿制度和灵活的分配形式。科技人员实行科研承包制，营销人员实行年薪制和佣金制，生产人员实行计件工资制；海尔的工资按等级分配，岗位的工资标准不超过青岛员工平均工资的3倍；每月没有奖金，年终奖金不超过2个月的工资；科研和销售人员的工资与效能挂钩，研究人员则根据市场效率和科研成果情况获得奖励；如果销售人员是外部推销员，则收入与销售结果相关联。

此外，本着"公平、公正、公开"的原则，海尔的员工自己可以通过海尔的薪酬计算标准计算本日的工资，所谓"员工自己能报价"。

海尔实行的提成制、计件制和功效制，以及公平的工资计算制度，可以充分发挥员工的生产潜力，提高员工的生产积极性。

3. 总体工资水平

在海尔，职务不同，员工工资也不同，参见表5-6。

表5-6 海尔集团员工（销售）月平均收入

月工资	0–5k	5–8k	8–10k	10–12k	12–15k	15–20k	>20k
百分比	31.46%	39.33%	16.85%	2.25%	2.81%	4.49%	2.81%

海尔的平均工资大多数为5000元—8000元，略高于我国的平均工资水平。和销售员一样，如果你的业绩比较好的话，就可以拿到更多的提成。

4. 多元化福利

（1）提供多元化福利

海尔提供包括五项保险和住房公积金在内的福利，包括企业年金在内的补充福利，以及包括创业纪念日奖励、着装补贴、春节年货、生日福利、工作餐补助在内的海尔自有福利。

（2）提供人性化的员工关怀

海尔为员工提供丰富多彩的员工活力秀活动，为新员工提供人性化的员工关怀，为员工排忧解难，保证员工在海尔快乐工作、幸福生活。

（3）保证工作与生活的平衡

海尔为员工提供包括带薪年假、海尔年假等在内的多元化假期，提供包括在岗学习、脱产学习、自主学习等多样化资源，保证员工工作和生活的平衡。

（二）海尔的绩效管理体系

1. 末位淘汰制

末位淘汰制，又叫10/10淘汰制，排名在前10%的员工会被奖励、升职，排名在后10%的员工会被降级或免职，如果连续3次考核都排名在后10%，那就要辞职或者转岗。

即使位置再高，只要没有按时完成组织目标，就有可能被免职，在海尔的历史上，曾经有6位副总裁由于没有完成年初的既定计划而被免职。海尔强硬的手腕使其拥有了众多优秀的员工和管理人才，保证了所有员工包括高层管理者的积极性。

2. 三工转换制

海尔集团将员工分为三类，试用期员工、合格员工、优秀员工，三工并存、动态转换。这种做法很好地解决了员工因短期内得不到升迁而产生的积极性降低的问题，同时还可以将不合格的员工转为试用期员工，继续加以培训，保证所有员工都可以为实现组织目标而努力。

3. 绩效管理要素

个人事业承诺（Personal Business Commitment，简称PBC），每个海尔的员工都要以PBC的形式作出个人对海尔集团的业绩承诺，各级员工经理和下属员工都签订PBC。通过把公司整体目标逐步分解落实到每个员工身上，海尔将组织和个人紧密地联系在一起。

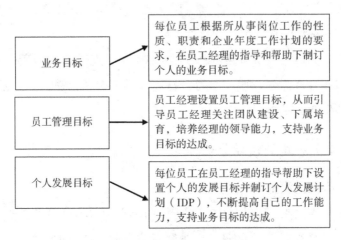

图 5-6　绩效评价内容

表 5-7　绩效评价指标

指标类型	定　　义
定量指标	此类指标的评价可将绩效结果和事先设定的目标值进行比较，通常是达成结果的比率
定性指标	此类指标的评价可将绩效结果和事先设定的工作标准进行比较，通常是结果与预期标准的比较

（1）定量指标得分计算：

以实现目标值的完成率为基础，按照百分制计算每项指标的绩效得分。

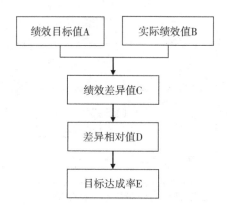

图 5-7　定量指标得分计算

当实际绩效值与业绩评价 结果正相关时	当实际绩效值与业绩评价 结果负相关时
C=B−A	
D=A+C	D=(A+C)*(−1)
E=1+D	

（2）定性指标得分计算：

与定义的绩效等级的标准进行比较。

表 5-8　定性指标与绩效等级比较

绩效水平	绩效等级
1.远远超出绩效期望	1
2.明显超出绩效期望	2
3.基本达到绩效期望	3
4.与绩效期望有一定差距	4
5.与绩效期望有明显差距	5

表 5-9　绩效评价周期

周期	方式	内　容
定期	回顾辅导	月度、年度业绩回顾辅导
季度	业绩评价	季度业务目标完成情况
年度	绩效考核	员工经理的业务目标、员工管理目标、个人发展目标年度完成情况
		一般员工的业务目标、个人发展目标年度完成情况

表 5-10　绩效评价结果

绩效等级	定　义	描　　述	结果确认
PBC=A	非常出色的年度顶级贡献者	取得杰出的成果；业绩明显高于其他人；超出或远远超出绩效目标；为他人提供了极大的支持和帮助并表现出其职能岗位所需的各项能力素质	直线经理评估二线经理审核
PBC=B+	出色的高于平均的贡献者	工作范围和影响力超越其工作职责；绩效表现超过大多数同事，有发展的眼光及影响力；总是能达到或有时超出绩效目标；为他人提供了极大的支持和帮助并表现出其职能岗位所需的各项典型能力素质	直线经理评估二线经理审核
PBC=B	踏实的贡献者	始终如一地实现工作职责；具有适当的知识和技能；基本达到或有时超出绩效目标；为他人提供极大的支持和帮助并表现出其职能岗位所需的各项技能	直线经理评估二线经理审核

续表

绩效等级	定　义	描　　　述	结果确认
PBC=C	需要提高的最低贡献者	与他人相比，不能充分执行所有的工作职责，或者虽执行了职责但水平较低或成果较差；并且不能证明具有一定水平的知识和技能。连续的 PBC=C 绩效是不可接受的，需要提高	直线经理评估 二线经理审核
PBC=D	不能令人满意的	不能证明其具备所需的知识和技能，或不能利用所需的知识和技能；不能执行其工作职责；在连续被定级为 PBC=C 之后仍未提高	

四、C&B 钻石模型的意义与推广原则

任何企业的薪酬福利等各种制度都不是一成不变的，海尔多元化的薪酬福利制度也会随着海尔的发展而不断完善。其薪酬福利体系很好地解决了大多数企业面临的问题：企业经营战略与薪酬体系之间如何对应；薪酬与人力资源其他活动之间的适应性；薪酬体系如何实施。

这种薪酬福利体系还为海尔的发展吸引和保留了大量的人才资源，提高了员工以及管理层的积极性，有利于企业自身的长远发展；公平的绩效制度则保证了员工更高层次的需求，提高了员工的工作效率。

在推广 C&B 钻石模型时，我们应坚持如下规则：

一是静态与动态相结合的原则，如动态的工资考核，静态的补贴等；

二是直接与间接相结合的原则，如直接的工资、津贴等，间接的住房公积金、住房、休假等；

三是显性与隐性相结合的原则，如显性的现金，隐性的福利，以满足员工多层次的需求；

四是整体与部门、部门与个人相结合的原则，按效益计算到整体，按效率考核到部门，按效果兑现到个人；

五是品行与技能相结合的原则，职位变动不仅要考虑业绩，也要看其个人品行；

六是定性与定量相结合的原则。

第六节 ｜C&B 的客户角色转换：从雇员到合伙人

旦组织与个人之间的关系发生变化，就会出现一种新的激励制度合作模式——您的员工也会许成为您的合作伙伴或业务合作伙伴，但无论如何，最好成为您的竞争对手。

自组织诞生以来，对动机和就业的探索就已经存在。无论组织是国家、部落、家庭还是村庄，动机和组织的形式都是不可分割的。随着互联网的兴起和新工业革命概念的出现，"公司＋员工"的主流经济形式逐渐被"平台＋伙伴关系／个人"的形式所挤压。最近提出的扁平化组织结构实际上就是传统官僚机构在向"平台＋伙伴"的关系迈进。随着组织结构的变化，激励和绩效体系将逐步从传统的评估体系调整为基于长期激励和利益分享的激励形式。

一、胡萝卜＋大棒：过时的薪资评估制度

公司的诞生和演变有其特定的背景：大工业生产需要大量的资金才能实现产业集中和标准化，同时需要资金分散以降低风险。该公司的有限责任和股票的自由转让正在调整。工业革命期间对新发明、新技术和新产业的需求已发生变化。在这个时期的制度设计下，资本、土地和劳动力都是生产要素，工资和绩效考核的"胡萝卜＋大棒"政策是当时公司的主流实践，而著名的是福特的高薪制度。

在"福特"时代，员工的平均日薪不到 2.5 美元，而福特却给员工每天 5 美元的工资，这吸引了大量的劳动力。

这一时期，薪酬与绩效体系的有效实施离不开以下假设：一方面，工业化开始，机器逐步推广，但由于自动化程度低，仍然偏向于劳动密集型，绩效优秀员工与普通员工之间的差距较小。另一方面，产品相对标准化，公司严格的战略和官僚制度可以确保一般员工通过完成流水线操作来保证产品的质量，因此过程控制是可行的。

薪酬和绩效考核制度长期以来一直很受欢迎，原因如下：首先，通过严格的安排和控制，可以实现 3 个人做 5 个人的工作，得到 4 个人的工资；其次，工作流程化可以减少对员工的依赖，这似乎对公司更有利。但实际上，传统的薪酬与绩效评估体系存在固有的弊端。例如，内部管理本身是成本，并不创造新的社会价值，官僚主义越多，整体效率就越低；再如，员工被视为螺丝和装配线，但他们的其他需求却被忽略了。随着生产力的发展，这种薪酬绩效考核体系逐渐落后。

二、平台 + 伙伴关系 / 个人：盛行的组织模式

尽管以官僚机构为代表的传统组织主要的组织形式仍然不可动摇，但其主导地位逐渐下降。例如，A 股上市公司大洋电气已经改变了其子公司的管理模式——它采用酒店托管运作模式，将工厂的经营权分离，员工成立了公司与其签署合作协议。确切地说，这些员工已经与大洋电器分离并成为合作伙伴。

"优步（Uber），全球最大的出租车公司，没有出租车；脸谱（Facebook），全球最热门的媒体所有者，没有内容制作人；全球最昂贵的零售商阿里巴巴，没有商品库存；爱彼迎（Airbnb），全球最大

的住宿服务提供商没有房地产；这个国家的三大酒店业在线旅行社（Online Travel Agency，OTA）没有房间，"这个广为流传的声明反映了这一趋势——团队和个人，已不是过去的员工，他们已成为公司的合伙人。平台模型已经存在很长时间了，但互联网的出现给它带来了新的规模、内涵和影响——互联网通过沟通扩大了个人价值。

人才，已成为当今时代最为稀缺的资源。

三、长期激励方式：上市公司的标配

组织发生改变，激励制度的改变亦随之发生。以往的薪酬与绩效考核越来越难以驱动员工，各行各业逐渐衍生出以股权为主的长期激励方式，这在上市公司中尤为明显。

合伙制，是公司基于自身的战略目标，在对核心人才有相当依赖的情况下，实现的人力资本与财务资本的合作。与独立承包制不同，合伙制更强调要符合公司的整体目标，因此在股权比例或者说控制权上更为在意。同时，它采用合伙运营制，公司出钱、员工出力，也降低了独立承包的运营风险。合伙制从生产要素上解决了财务资本与人力资本结合的问题，实现了上市公司内部的二次创业，推动传统产业向新工业革命之路转型。

上市公司层面的股权激励制度通常采用期权或者限制性股票激励计划。一方面，上市公司股权具有较高的流动性；另一方面，利益一致，通过严格的绩效考核设计，未达业绩则无激励，因此效果有保障，至今已有800多家上市公司采用了此类方式。

关于组织与个人之间未来的关系，正如阿里巴巴集团首席战略官曾明先生所说："虽然未来的组织演变仍然很难看清楚，但最重要的是未来的组织越来越清晰。这就是赋权。以官僚主义和管理为核心职能的公司面临着前所未有的挑战。组织的职能不再是任务和主管，更多的是关于员工的专业知识、兴趣和客户。这往往需要更多的员工自主权和更灵活的组织。甚至可以说，是员工在使用组织的公共服务而不是公司在雇用员工。一旦组织与个人之间的关系发生变化，激励制度合作的新模式也将出现。也许，下次您的员工将不再被称为员工，而是您的合作伙伴和业务合作伙伴，但无论如何，最好成为您的竞争对手。"

案例：英威腾子公司合伙人激励制度

工具：实际股权	
人员	直接负责子公司经营管理事务、对子公司产生直接影响的核心经营团队
总量及个量	资本总额不满 200 万元的，核心经营团队受让的受限制股份不高于首次授予时点子公司实收资本的 30%；资本总额为 2000 万元及以上不满 5000 万元的，核心经营团队受让的受限制股份不高于首次授予时点子公司实收资本的 20%；资本总额 5000 万元以上的，核心经营团队受让的受限制股份不高于首次授予时子公司实收资本的 10%；原则上总经理持股总量应占激励股份总量的 30%—50%
价格	零价格
锁定期	附带业绩考核，锁定期三年，附带服务期考核的，锁定期五年
业绩考核	由总经理办公室负责考核
退出机制	激励对象正常离职的，1 元以上归属激励对象；激励对象非正常离职的，零价格回收

案例：恒生电子子公司激励方案

工具：实际股权	
人员	由子公司经营层确定的核心人员，最终人员名单由聚光科技董事会确定
总量及个量	最高可达 49%
价格	未确定，员工可以技术入股
锁定期	三年
退出机制	离职退出，由公司或指定人回购；达到一定条件公司还可以按 PE 估值一次性整体回购

案例：新大陆子公司股权激励计划

工具：实际股权	
人员	子公司的核心经营层等 4 人
总量及个量	约占子公司总股本的 10%
价格	注册资本价格
锁定期	3 年
退出机制	离职退出，由公司或指定人回购

案例：长盈精密激励计划

工具：股票期权	
定人	激励对象共 449 人，包括公司董事、高级管理人员、中层管理人员、核心技术（业务）人员、全资子公司核心人员及控股子公司核心人员
定量	授予的股票期权约占激励计划公告时公司股本总额的 2.67%
定价	股票期权的行权价格为 33.74 元（市场价）

时间安排	激励计划的有效期为 52 个月,其中等待期为 16 个月。等待期满后,激励对象在未来的 36 个月内分三期按 36%、32%、32% 的比例行权
股份来源	公司向激励对象定向发行的普通股股票
资金来源	激励对象自筹
业绩考核	以 2012 年净利润为基数,2014—2016 年净利润增长率分别不低于 48%、80%、120%;2014—2016 年度加权平均净资产收益率均不低于 13.5%

ORGANIZATION DEVELOPMENT OF FACTOR

第六章　OC：从墙面到地面，从理念到行为

　　OC（组织文化）能够帮助企业建立长期发展需要的DNA、体系化沉淀OC产品、打造文化特性和固化的品牌形象。OC的主要任务是根据业务特点和人群特性策划、组织大型文化项目；基于业务战略与人力资源策略搭建文化场景，给企业提供必要的、与业务相配套的文化产品。

第一节 ┃ OC 模型分析

OC 也就是组织文化，是以企业或组织成员共有的价值观为核心而形成的一种群众意识和群体行为规范，以及与之相适应的管理体制和物化的精神环境、文化氛围。企业文化的实质，是以人为中心、以文化引导为手段、以激发员工的自觉行为为目的的一种企业经营管理思想。在经济全球化的今天，企业要在日趋激烈的国际市场竞争中有所作为，就必须提升企业的核心竞争力。

一、OC 的重要性

OC 之所以是每个企业关注的重点环节，主要是因为企业文化具备以下 6 个基本功能。

（一）导向功能

企业文化对企业及其成员的价值观和行为取向起着引导作用，具体表现在两个方面：一是对企业成员个体的思想和行为起导向作用；二是对企业整体的价值取向和经营管理起导向作用。这是因为一个企业的企业文化一旦形成，它就建立起了自身系统的价值和规范标准，如果企业成员在价值和行为取向方面与企业文化的系统标准产生悖逆，企业文化就会对其进行纠正并将其引导到企业的价值观和规范标准上来。

（二）约束功能

企业文化对企业员工的思想、心理和行为具有约束和规范作用。企业文化的约束不是制度式的硬约束，而是一种软约束，这种约束产生于企业的文化氛围、群体行为准则和道德规范。群体意识、社会舆论、共同的习俗等精神文化内容，使企业成员产生心理共鸣，继而达到行为的自我控制。

（三）凝聚功能

企业文化的凝聚功能是指当一种价值观被企业员工共同认可后，它就会成为一种黏合力，从各个方面把其成员聚合起来，从而产生一种巨大的向心力。企业中的人际关系受到多方面的调控，其中既有强制性的"硬调控"，如制度、命令等；也有说服教育式的"软调控"，如舆论、道德等。企业文化就属于软调控，它能使全体员工在企业的使命、战略目标、战略举措、运营流程、合作沟通等基本方面达成共识，从根本上保证企业人际关系的和谐性、稳定性和健康性，从而增强企业的凝聚力。

（四）激励功能

企业文化具有使企业成员从内心产生一种高昂情绪和奋发进取精神的效应。企业文化把尊重人作为中心内容，以人的管理为中心，也能给员工多重需要的满足，并能用它的"软约束"来调节各种不合理的需要。所以，积极向上的理念及行为准则将会形成强烈的使命感和持久的驱动力，成为员工自我激励的一把标尺。一旦员工真正接受了企业的核心理念，他们就会被这种理念所驱使，更积极地发挥潜能，为公司更加努力、高效地工作。

（五）辐射功能

企业文化一旦形成较为固定的模式，它不仅会在企业内部发挥作用、对本企业员工产生影响，而且也会通过各种渠道（宣传、交往等）对社会产生影响。企业文化的传播将帮助企业树立良好的公众形象、提升企业的社会知名度和美誉度，优秀的企业文化也将对社会文化的发展产生重要的影响。

（六）品牌功能

企业在公众心目中的品牌形象，是一个由"以产品和服务为主的'硬件'"和"以企业文化为主的'软件'"所组成的复合体。优秀的企业文化对提升企业的品牌形象将发挥巨大的作用，独具特色的优秀企业文化还能产生巨大的品牌效应。无论是世界著名的跨国公司，如"微软""福特""通用电气""可口可乐"等，还是国内知名的企业集团，如"海尔""联想"等，他们独特的企业文化在其品牌形象的建设过程中发挥了巨大的作用。

品牌价值是时间的积累，也是企业文化的积累。而如何建立并落地企业文化、让企业文化在组织内部生根发芽，则是 HR 须认真思考与实践的环节。下面就为大家详细地介绍几个最具实用性与使用最广泛的 OC 模型。

二、以绩效为主要考量标准：丹尼森模型

对于相信"没有度量，就没有管理"的经理人来说，捉摸不定、似乎无法度量的企业文化是一个令人头痛的管理难题。对于企业文化，他们就犯难了：在他们的那个百宝箱里，很可能根本就找不到

一把合适的尺子。

衡量 OC 最有效、最实用的模型之一是由瑞士洛桑国际管理学院（IMD）的著名教授丹尼尔·丹尼森（Daniel Denison）创建的"丹尼森 OC 模型"。丹尼森认为，理想企业文化的 4 大特征如下：外部适应性、内部整合性、灵活性、稳定性。

（一）丹尼森模型的四个特征

在对 1500 多家样本公司进行研究后，丹尼森指出，丹尼森组织文化模型具有以下四大文化特征：使命、适应性、参与性与一致性。

利用这个工具，管理者可以诊断自己所在企业的企业文化有什么问题、与高绩效公司的企业文化有何差距，并确定下一步组织发展的重点（如图 6-1）。

图 6-1　丹尼森组织文化模型

1. 参与性

参与性（involvement）：涉及对员工的工作能力、主人翁精神（ownership）和责任感的培养。公司在这一文化特征上的得分，反映出公司对培养员工、公司内部的上下沟通，以及公司员工参与管理的认识。以下是"参与性"的三个维度。

授权：员工是否真正被授权并承担责任？员工是否具有主人翁意识和工作积极性？

团队导向：公司是否重视并鼓励员工相互合作以实现共同目标？员工在工作中是否依靠团队力量？

能力发展：公司是否不断投入资源培训员工，使他们具有竞争力、跟上公司业务发展的需要、同时满足员工不断学习和发展的愿望？

2. 一致性

一致性（consistency）：用于衡量公司内部凝聚力和向心力的情况。以下是"一致性"的三个维度。

核心价值观：公司是否有一套大家共同信奉的价值观使公司员工产生强烈的认同感，并对未来抱有明确的期望？

配合：领导者是否具备足够的能力让大家达成高度一致，并在关键问题上调和不同意见？

协调与整合：公司中各职能部门和业务单位是否能够密切合作？部门或团队的界限会不会变成合作的障碍？

3. 适应性

适应性（adaptability）：主要是指公司对外部环境（包括客户和市场）中的各种信号迅速作出反应的能力。以下是"适应性"的三个维度。

创造变革：公司是否惧怕承担因变革而带来的风险？公司是否

学会了仔细观察外部环境、预计相关流程及变化步骤，并及时实施变革？

客户至上：公司凡事都要从客户的角度出发。公司是否了解自己的客户，使他们感到满意，并能预计客户未来的需求？

组织学习：公司能否将外界信号视为鼓励创新和吸收新知识的良机？

4. 使命

使命（mission）：用于判断公司是一味注重眼前利益，还是着眼于制订系统的战略行动计划。以下是"使命"的三个维度。

愿景：员工对公司未来的理想状况是否形成共识？这种愿景是否得到公司全体员工的理解和认同？

战略导向和意图：公司是否希望在本行业中脱颖而出？明确的战略意图是否展示了公司的决心？所有人是否知道如何为公司的战略作出自己的贡献？

目标：公司是否详细地制订了一系列与使命、愿景和战略密切相关的目标，可以让每个员工在工作时参考？

上述四个特征，每个又各有3个维度，12个维度分别对市场份额和销售额的增长、产品和服务的创新、资产收益率、投资回报率和销售回报率等业绩指标产生着重要影响。

适应性与使命两个维度则反映了组织关注外部的程度，以及企业是否顺应外部经济、政治、社会环境的变化适时地做出相应的改变和调整。

一致性与参与性两个维度反映了组织关注内部的程度，它要求企业具备对内部系统、结构和流程进行动态的整合，以满足组织目标的实现。

适应性与参与性两个维度反映了组织的灵活性，即以市场、客户为导向的创新能力。

使命与一致性两个维度要求组织具有相对的稳定性，使得企业有自己的发展方向和目标，并且强化员工对企业的忠诚和归属感。

（二）丹尼森组织文化模型的应用

丹尼森组织文化模型可以广泛应用于各种企业、团队以及个人。比如一般性商业公司、正经历合并和收购的企业、面临产业调整的企业、新任的 CEO、新成立的企业、处于衰落的企业、进行战略调整的企业、面临顾客服务挑战的企业，等等。通过运用丹尼森组织文化模型，可以把某一企业的文化分别与较好和较差经营业绩的企业的文化进行对比，以明确该企业在文化建设方面的优势和不足；可以对业务单位或部门进行考察，以了解该组织内的亚文化；可以测量企业现存的文化以及考察该企业文化如何在提高经营业绩方面发挥更好的作用；可以在测量的基础上提出改进企业文化的方案以及提高经营业绩的具体建议；可以为企业发展和企业文化变革提供决策依据；可以更好地促进合并及重组过程；等等。

对于一般性的企业来说，运用该模型可以达到以下目的：对目前企业文化的优势和不足作出基本评价；与其他经营业绩好的企业的企业文化进行比较分析，根据企业所期望的业绩确定文化变革的目标；明确文化变革的短期目标、中期和长期目标和任务；分析与经营业绩（利润、销售或收入增长率、市场份额、质量、创新和员工满意度）有直接联系的文化要素，找出哪些因素导致了经营业绩的增长、哪些因素阻碍了经营业绩的提高；提高管理者对企业文化的认识，进一步引导他们积极发挥企业文化的作用；提供个人和企业双方都可以使用的分析报告，形成共同认可的文化体系。

丹尼森组织文化模型还可以广泛地应用于企业的合并及并购工作中，可以促进企业的合并及并购。该模型可以：分析合并及并购双方企业的相同和不同之处，寻求前进的合力；创立合并后的企业共同奋斗的企业文化；制订被合并企业的领导者选拔和发展计划，以促进双方认同的理想的企业文化的发展。

（三）丹尼森组织文化模型的主要优势

选择一个工具，首先要看它不可替代的优势。丹尼森组织文化模型最突出的优势是有相对较好的可靠性。现在国内很多专家提出的评估工具也自成体系，甚至更符合中国人的思维模式，但是缺点也显而易见，那就是缺少实践的验证。任何一家企业都不可能把自己作为试验品，花费大量的时间成本，去获得一个不确定的结果。

丹尼森组织文化模型的核心优势在于它拥有一个全球基准数据库，含有 888 家公司的数据，这些公司来自 80 个行业和 16 个国家，75% 来自北美，20% 来自欧洲，5% 来自亚洲，可以提供不同行业、不同国家的整体平均分。它从产生到发展，一直是有数据可以佐证的。

它的优势还在于直接与组织经营业绩相联系，非常有利于将企业文化引向绩效。企业文化的因素是非常多的，比如有的企业只准员工穿白衬衣，有的则要求穿条纹衬衣，这当然也是企业文化的一部分，但和绩效的联系是微弱的。丹尼森组织文化模型从具体的商业运营环境中发展而来，在对企业的实地研究中，在对大量数据进行积累对比的基础上，剔除了这些文化因素，提炼出了 12 个与公司绩效联系最为密切的文化维度，真正达到了提纲挈领的作用。

三、以竞争力为主要考量标准：奎因模型（OCAI）

1998 年，美国的奎因教授和卡梅伦教授在竞争价值观框架的基础上构建了 OCAI（Organizational Culture Assessment Instrument）模型。OCAI 根据以下 6 方面来评价 OC：组织氛围、领导者角色、管理风格、组织凝聚力、战略重点和成功标准。

该模型根据组织关注的工作内容和工作方式进行类型区分。

根据组织关注的工作内容是内部运营还是外部发展，OCAI 将文化类型分为内部取向型文化和外部取向型文化两种；根据组织采取的工作方式是强调灵活自主还是稳定控制，又将文化类型分为灵活变通型文化和规范控制型文化两种（如图 6-2）。

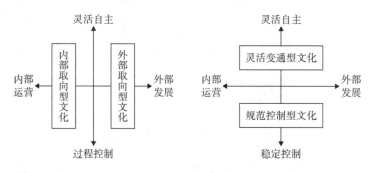

图 6-2　奎因模型

工作内容与工作方式交叉后，形成 4 种文化矩阵（如图 6-3）。

属于灵活变通型文化的两种模式（团队文化与创新文化）比较容易落实管理创新，这是由于在它们长期形成的管理文化中已经形成了适合管理创新的环境和条件，无论是领导风格、组织结构，还是人员素质、价值取向等都容易接受创新，一旦条件允许，就可以实施经营创新。

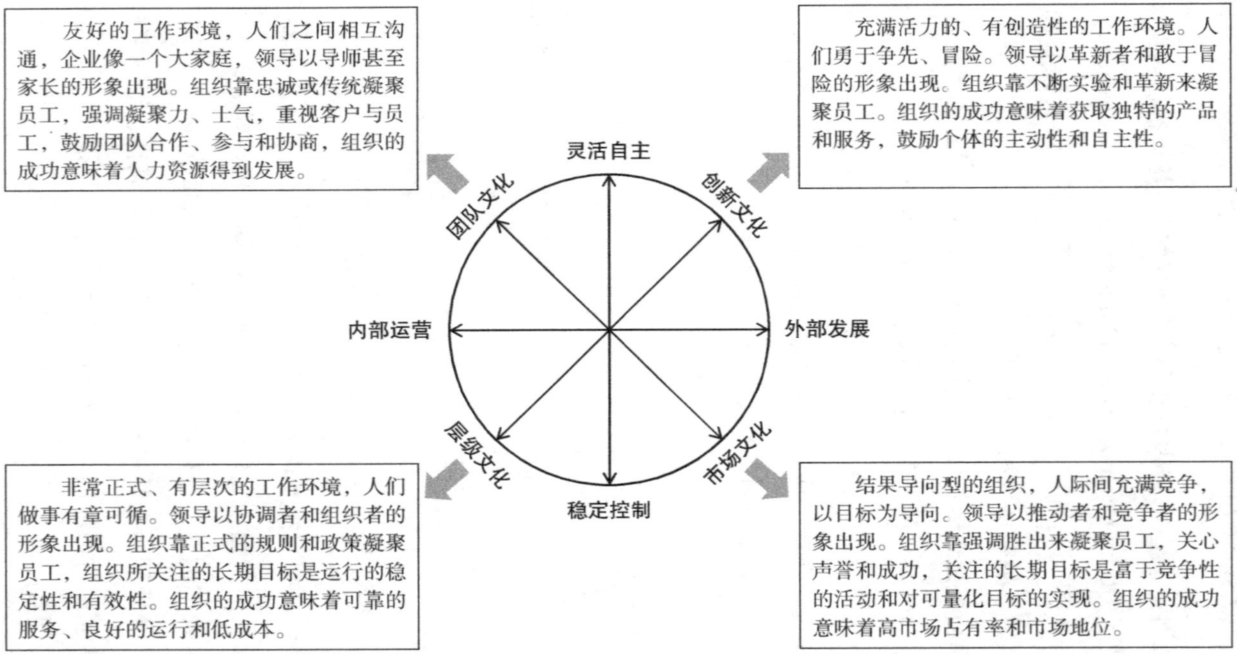

图 6-3 工作内容与工作方式形成的四种文化矩阵

创新文化
充满活力的，有创造性的工作环境。人们勇于争先，冒险。领导以革新者和敢于冒险的形象出现。组织靠不断实验和革新来凝聚员工。组织的成功意味着获取独特的产品和服务，鼓励个体的主动性和自主性。

市场文化
结果导向型的组织，人际间充满竞争。领导以推动者和竞争者的形象出现。组织靠强调胜出来凝聚员工。关心声誉和成功，关注的长期目标是基于竞争性的活动和对可量化目标的实现。组织的成功意味着高市场占有率和市场地位。

团队文化
友好的工作环境，人们之间相互沟通，企业像一个大家庭。领导以导师甚至家长的形象出现。组织靠忠诚或传统来凝聚员工，强调凝聚力、士气，重视客户与员工，鼓励团队合作，参与和协商。组织的成功意味着人力资源得到发展。

层级文化
非常正式、有层次的工作环境，人们做事有章可循。领导以协调者和组织者的形象出现。组织靠正式的规则和政策凝聚员工，组织所关注的长期目标是运行的稳定性和有效性。组织的成功意味着可靠的服务、良好的运行和低成本。

中心图标签：灵活自主、外部发展、稳定控制、内部运营、创新文化、市场文化、层级文化、团队文化

　　属于规范控制型文化的两种模式（市场文化与层级文化）则侧重于专业化、标准化和规范化管理，属于这两类文化的组织一般都与它们的规模、行业和发展历史有关。

　　OC 评估工具的作用是评估 OC 的 6 个核心方面。使用这个工具的过程其实就是在展现组织运作的规律；它没有所谓正确或者错误的答案，就像没有正确或者错误的文化一样；它在每一个组织的应用都会产生不同的反响。

　　所以，在回答问卷时，问题回答得越准确，诊断就会越准确。

　　这些问题会让你为你的组织打分。首先，要选择对哪个组织进行评估，你可以选择你老板领导的公司，或是你所在的策略部门，抑或是你所在的一个和其他机构有明显界限的部门。因为我们要非常有效地找到目标的文化变革途径，所以必须明确将要分析的目标。

　　下面我们具体阐述 OC 诊断说明。

　　OC 评估工具有 6 道选择题，每个选择题都有 4 个选项，将 100 分分配到这些选项中，情况越接近你的组织情况的选项，你的组织将获得越多的分数。例如，在问题 1 中，你觉得选择 A 最接近你的组织的情况，B 和 C 有些接近，D 就不怎么接近了，那么就给选择 A 打 55 分，B 和 C 各 20 分，D 只有 5 分。你必须确保 4 个选择的总分是 100 分。

　　注意，工具对相关的栏目都做了描述，你要根据栏目中的描述和组织现状评价你的组织。当你完成了"现状"，紧跟着完成"期望"一栏——你的组织的期望状态，即当你认为企业组织将在 5 年内取得巨大成功时，你将怎样为那时的组织打分（表 6–1）。

表 6-1 OC 评估工具选题

一、主要特征	现状	期望
1 公司是一个充满人性化的地方，就像是家庭的延伸，人们不分彼此		
2 公司具有很高的激情和创业精神，人们勇于冒险和承担责任		
3 公司的功利性很强，鼓励竞争。员工关注的重点是如何完成绩效，员工竞争意识很高并且期望成功		
4 公司管理规范、十分严格。员工必须按照制度流程办事		
总分	100	100
二、公司的领导能力	现状	期望
1 公司的领导者通常被视为体现了导师、家长或培育者的作用		
2 公司的领导风格主要是创业、创新和勇于尝试冒险		
3 公司的领导风格主要是"没有废话"，具有进取性和高功利性		
4 公司的领导风格主要是注重严格的标准化流程和制度		
总分	100	100
三、员工的管理	现状	期望
1 管理风格是讲究民主、少数服从多数以及广泛的参与性		
2 管理风格是鼓励创新和冒险、崇尚自由和展现自我		
3 管理风格是鼓励很强的竞争性，且要求和标准都非常严格		
4 管理风格主要是确保内部管理的可预见性、稳定性和规范性		
总分	100	100
四、公司的凝聚力	现状	期望
1 公司靠信念、忠诚黏合在一起。员工都具有较强的使命感和自豪感		

2	员工靠持续创新和发展结合在一起，持续的行业领先是重点		
3	成功和达成目标把员工联系在一起，不断进取和获取胜利是共同的目标。		
4	员工靠规范的制度和流程在一起工作，维持公司的顺畅运作是非常重要的		
总分		100	100
五、战略重点		现状	期望
1	公司重视人才的培养、相互信任、开诚布公和员工的广泛参与		
2	公司倾向于迎接新的挑战。不断尝试新的事物和寻求机遇是员工价值的体现		
3	公司追求竞争和成功，打击对手和在市场中取得胜利是公司的主要战略		
4	公司希望看到持久和稳定，效率、控制和顺畅的运作是工作重点		
总分		100	100
六、成功的定义		现状	期望
1	公司对成功的定义是在人才培养、团队合作和对员工关怀上的成功		
2	公司对成功的定义是公司是否是产品领导者和创新者		
3	公司对成功的定义是赢得市场份额并打败对手、成为市场的领导者		
4	公司视效率为成功的基础，标准化的工作和低成本是至关重要的		
总分		100	100

表 6-2　OC 评估工具选题：文化现状得分

1A	1B
2A	2B
3A	3B
4A	4B
5A	5B
6A	6B
总和（A 的回应总数）	总和（B 的回应总数）
平均值（和除以 6）	平均值（和除以 6）

1C	1D
2C	2D
3C	3D
4C	4D
5C	5D
6C	6D
总和（C 的回应总数）	总和（D 的回应总数）
平均值（和除以 6）	平均值（和除以 6）

表 6-3　OC 评估工具选题：文化期望得分

1A	1B
2A	2B
3A	3B
4A	4B
5A	5B
6A	6B
总和（A 的回应总数）	总和（B 的回应总数）
平均值（和除以 6）	平均值（和除以 6）

1C	1D
2C	2D
3C	3D
4C	4D
5C	5D
6C	6D
总和（C 的回应总数）	总和（D 的回应总数）
平均值（和除以6）	平均值（和除以6）

表 6-4　OC 评估工具选题题：文化测评数据汇总分析

现　　状			期　　望		
A（群体）			A（群体）		
B（临时性组织）			B（临时性组织）		
C（市场）			C（市场）		
D（层级）			D（层级）		
合计：			合计：		

通过以上的分析和测评可以得出 4 种 OC 类型，分别是层级规范型、市场绩效型、团队支持型和灵活变革型。

（一）层级规范型的主要特点

人们在非常正规和等级森严的工作场所里按程序工作。好的协调者和高效专家被看作好的领导。维持组织的顺畅运作是至关重要的。组织靠严格的制度和政策结合在一起。组织的长远目标是稳定和高效地生产运作。管理员工的重点是确保雇佣关系的稳定和可预见性。

从典型的美国快餐连锁店（如麦当劳）到大型联合组织（如福

特汽车公司）以及政府部门（如司法部），这些组织（或机构）都提供了层级规范式文化原型的例子。大型组织和政府部门通常都是层级规范严格的 OC，这些都可以通过大量的标准程序、多层等级级别（如福特汽车公司有 17 层的管理体制）和强调增强制度管理等事实来证明。

即使在较小的组织中，如麦当劳连锁店，等级制度也占主导地位。在一个典型的麦当劳餐厅中，许多雇员都是年轻人，他们在此之前都没有工作和受训的经验，并且所有连锁店售卖的产品都是一致的。在这里，核心的价值观就是如何保持效率、可信度、平滑的流程。新雇员在初期只被要求做一项工作（如炸薯条）。店面对这项工作几乎没有任何描述，因为生薯条都是从中央供应商那里一包包地装在标准的包装里运来的，工作时温度等都是预设好的，指示开关会告诉员工什么时候把薯条拿出来。制度告诉员工：在指示开关关闭和薯条必须被拿出来之间只有几秒钟的间隙，同时他们必须在高热灯下坐一定的时间。这本每一个员工必读和考核的操作手册有 350 页，包含从员工着装到工作行为的所有规定，对这些知识的掌握是员工升迁的指标之一。在快餐店中升职可能需要完成一系列的步骤，而升到管理层有可能需要迈上好几个台阶。

（二）市场绩效型主要特点

这是一个以结果为导向的组织，它的重点就是能完成任务。员工非常有竞争力且以目标为导向。组织的领导是强有力的推动者、生产者和竞争者。组织的长期目标是赢得竞争。成功的定义是市场占有率和市场渗透能力。具有竞争力的价格和市场领导地位是组织考虑的重点。

这种设计反映了一种叫作"市场绩效"式的组织，它不是市场营销的同义词，也不是拥有消费者的交易场所，而是一种组织的类型，这些组织运作起来本身就像是一个市场。它主要面对外部环境而不是内部管理，他关注于外部机构的交易，如供应商、顾客、承包商、专业人士、协会、市场管理者等。与主要由制度、分工、中央决策来控制的层级型组织不同的是，市场绩效型的组织最重视的是如何进行交易（兑换、销售、合约等）、如何与合作伙伴在竞争中赚取利润。利润率、底线、区域市场环境的竞争力、延伸目标，以及保留客户都是这类组织的首要目的。毫不奇怪，市场绩效型组织的核心价值观就是竞争力和生产力。

市场绩效型文化的基本假设：外部竞争还没有开始但充满敌对情绪，客户非常挑剔并且在乎价值，而且管理层的目的就是提升组织的生产力、业绩和利润。正如乔治·巴顿将军所认为的，市场型组织从来不留恋已经取得的成绩，这些都是留给敌人的，这种组织总是勇往直前，要击败一切困难，稳步向目标迈进。

一个市场绩效型组织的 OC 是一个以业绩为重点的文化，组织领导都是铁腕的生产者和竞争者，他们都很坚强和苛刻，把这些同类型的组织结合在一起的原因就是赢得挑战。对他们而言，成功被定义为市场份额和渗透力，超越对手和成为市场主宰是最重要的指标。

竞争力和生产力在市场型组织中得以维持的原因是组织高度重视外部竞争。例如，飞利浦公司在 1991 年第一次出现财务亏损并失去欧洲市场的份额后，立刻开展了一场遍及整个组织的变革来提升竞争力。在新首席执行官的领导下，这个跨国企业提出了一种名为"百夫长"的运动。在这个运动中，公司的 OC 从比较自满自大、等级森严变为以客户为中心、努力提升资产价值和提高企业竞争力，3 次重要的年会都进行了业绩评估并建立了新的延伸目标。OC 评估工具显示，飞利浦公司的确经历了从 20 世纪 90 年代早期到中期的改变，其 OC 逐步变成了一种市场绩效型的 OC。

另一个与市场有关的例子来自飞利浦的竞争对手——通用电气。通用电气的首席执行官杰克·韦尔奇曾在 20 世纪 80 年代后期说过，如果公司的业务在市场中不是处于第一或第二的位置，就会被卖掉。韦尔奇在任职期间共做的业务超过 300 种。这种 OC 被称为高度竞争、只看结果和不给对手留机会的 OC，这是一个典型的市场绩效的 OC。

（三）团队支持型主要特点

人们在一个非常友善的场所工作，且共同分享成果，就像是一个大家庭。组织的领导通常被看作导师，甚至家长。组织通过忠诚和传统来维系，成员很自觉地承担义务。组织强调人员的发展和长期目标，同时认为凝聚力和士气都非常重要。在这里，成功的定义是对客户的敏感和对员工的关心程度。组织专门为团队协作、参与和协调设置了奖励机制。

在研究了 20 世纪 60 年代末期和 70 年代早期日本公司的情况后，许多学者发现了美国式的市场绩效和层级规范型 OC 与日本式团队支持型 OC 之间的根本区别。团队支持的文化中充满了共享价值观和目标、团结与互助、彼此不分的氛围，他们热爱家庭胜过热爱创业。与市场绩效和层级规范型不一样的是，团队支持型文化更注重团队精神及员工的参与感。团队获得奖惩时都是由整个团队来接受，而不是单个员工。质量管理小组鼓励员工勇于提建议和意见来改善工作和业绩，以及创造一个自主性很强的工作环境。

OC 使用团队支持型模式有以下几个前提：员工最适合用团队合作和自我提升来管理；顾客最适合用合作伙伴关系来对待。团队支持型组织其实是在建设一个人性化的工作环境，其主要目的在于给员工更大的自主权，激发他们的参与、贡献和忠诚。

（四）灵活变革型主要特点

人们在一个动态的、充满冒险和创业激情的工作场所，努力寻求他们的需要。组织的领袖被看作革新者和冒险家。对试验和革新的义务感使得整个组织结合在一起。站在行业的前端是组织的工作重点，长期目标则是创造和获得新的资源。在这里，成功被定义为创造出新的产品和服务。组织期望成为产品和服务的先行者，同时也鼓励员工不断创新。

当发达世界从工业时代进入信息时代，第四种组织就开始出现了，它是高度活跃、高速变化的组织，而这种组织将逐渐成为21世纪组织的一种典范。在这种组织中，个性和主动的先驱性是成功的关键；组织主要致力于开发新产品和服务，以便为将来做准备；管理的主要任务是培养组织家的能力、创造力和鼓励最前沿的活动。这种文化认为，适应和革新会带来资源和利润，组织应该把重点放在对未来的设计上。

"Adhocracy"的词根是"ad hoc"，指的是一个暂时的、专门的动态组织。"灵活变革"也给人类似的感觉，是临时性的，它们被形容成"是帐篷而不是宫殿"，但也意味着当情况发生时，它们可以更快地重新装配自己。灵活变革型组织的一个主要目标是在不确定性和含糊的信息量超过典型性信息量时，培养组织的适应性、灵活性和创造性。这些灵活变革型组织经常出现在类似航空宇宙、软件开发、智囊咨询，以及电影这样的行业里。

这些机构的一个重要挑战就是提供具有创新性的产品和服务，并迅速适应时机。与市场绩效和层级规范型组织不同，在"灵活变革"型组织中没有集中的权力和权威。相反，依据不同时期强调的问题所在，"权"与该组织中的每一个成员、客户，以及研究、发展等都密切相关。

有时候灵活变革体制式的机构会存在于一个由其他文化占主导地位的大组织里。举例说，奎因和卡梅隆在纽约政府的精神卫生部门做过一个关于进化改革的研究，一个"灵活变革"的分支机构就存在在其中。

在开始的 5 年里，这个机构是以临时体制来组织的。在分析中，发现它有以下几个特征：

没有组织结构图——无法画出这个机构的结构图，因为他的变化频繁又迅速；

临时的物理空间——主管没有办公室，他会在任何他认为需要的情况下设立一个临时操作基地；

临时角色——根据客户的变化，员工们会被指派和重新指派不同的职责；

创造和革新——鼓励员工创造出对问题的革新式解决办法，以及为顾客服务提供新方法。

由于这种文化与大型的政府机构不一致，也与那种要求效率和责任制的工作环境相矛盾，它将被迫转化为另一种文化。在许多机构中，类似的转化是屡见不鲜的。

总而言之，就像 OC 评估工具里评定的，灵活变革型文化的特点是动态的、创业式的并且充满创意，人们敢于冒险；有效的领导是充满想象力、创新和风险导向的；使整个组织凝聚在一起的黏合剂是实验和创新的使命；重点被放在新知识、产品和服务的领先优势上；随时准备迎接变化和新的挑战非常重要；组织长期目标的重点是迅速成长和获得新的资源；成功意味着生产出独一无二的原创性产品和服务。

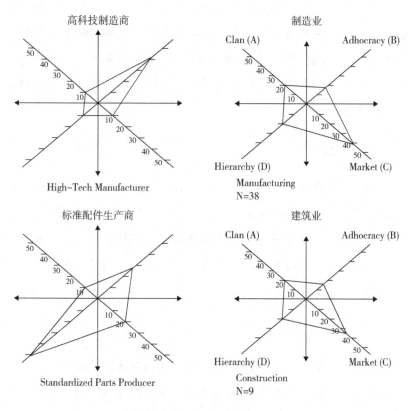

图6-4　不同行业的平均 OC 轮廓

四、以感观为主要考量标准：冰山模型

由帕米拉·路易斯、斯蒂芬·古德曼和波特利西亚·范德共同提出的企业文化冰山模型认为企业文化由两部分构成。"冰山模型"将文化的分析层次分为显现的、可观察到的层次和隐藏的、无法观察到的层次。

露出水面的部分是企业文化的显性部分，但只是冰山的一小部分，主要指是员工的具体行为。而在水面之下的才是企业文化深层次的东西，主要包括员工内心深处的观念、共同价值观、宗旨和行为标准。冰山上面的部分对外界的影响是很小的，而最具影响力和最大威胁的是海水下面部分的冰山，它在推动组织发展中起很大的作用。OC已经成为组织发展的最强劲动力和组织核心竞争的决定性因素，因此冰山之下的隐性文化对组织核心竞争力的提升起着非常关键的作用。

（一）具体行为

具体行为是指员工在工作场合表现出来的行为特点，具有显性和自觉性，一般从仪容仪表、岗位纪律、工作程序、待人接物、环卫与安全、素质与修养等几个方面来体现。好的企业文化深入员工内心，影响员工的日常行为，因此员工的行为表现可折射出企业文化的特征和气质。

（二）观念

观念是指员工对工作的主观与客观认识的系统化的集合。员工会根据自身形成的观念进行各种活动，利用观念体系对事物进行认知、决策、实践等活动，从而不断地丰富生活，提高工作和生活实践水平。观念具有主观性、实践性、历史性、发展性等特点。正确、清晰的观念可以让员工正确地完成工作，并提高其生活水平和工作质量。

（三）行为标准

行为标准是在工作中根据员工的工作及场合需求形成和确立的，是员工在工作中所遵循的标准或原则。由于行为准则是建立在维护工作秩序理念的基础之上的，因此它对全体员工具有引导、规范和约束的作用，它引导和规范全体员工可以做什么、不可以做什么和怎样做。

（四）共有价值观

共有价值观是企业内部员工对某个事件或某种行为的好与坏、善与恶、正确与错误、是否值得仿效的一致认识。价值观是企业文化的核心，统一的价值观会使企业内部员工在判断自己的行为时具有统一的标准，并以此来选择自己的行为。

（五）宗旨

企业宗旨是关于企业存在的目的或对企业发展的某一方面作出的贡献的陈述，有时也被称为企业使命，规定企业去执行或打算执行的活动，以及现在的或期望的企业类型。企业的宗旨往往被认为是对企业生存的一种肯定。当然，每一个企业都有其独特的生存理由，尽管不一定会刻意以书面形式表达出来。

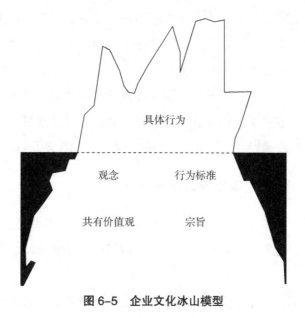

图 6-5　企业文化冰山模型

以集团企业母公司、子公司为例。现阶段，大多数的母公司和子公司都是计划经济向市场经济过度的产物，存在明显的时代印记。在运作过程中，严重受到国家计划和政府指令的影响，在母公司的管理体系中仍然能够看到计划经济体制的模型。由于企业的母公司、子公司依赖于政府部门，在现行的公司的管理体制和治理结构仍存在着一些问题，下面加以说明：

（一）观念方面出现的问题

观念指导着企业的管理思维，以人为本的观念仍是现阶段大多数企业的企业文化核心，但在实际的运行过程中，企业往往忽略了对"人"的认知，在管理过程中过于看重权。上下级区分明确，使得上下级之间缺少沟通和反馈、使得员工脱离企业文化建设的核心，不能够领悟企业文化的精髓，因此在企业文化的建设过程中会存在一定的阻力和障碍，难以被全体员工认可，企业文化不能够对员工的发展起到积极的作用。一些规模较小的企业人气低，很难吸引人才，员工大多数来自偏远地区，普遍受教育水平不高，缺少专业技能，整体素质不高，不利于他们个人的发展。对企业文化的理解同样会影响企业员工的晋升——由于中小企业缺少对人才在培养机制上的投资，忽视员工的职业发展规划，就很容易导致员工水平停滞不前，很难使他们真正地理解公司的企业文化和观念。

（二）宗旨方面出现的问题

目前，一些母公司和子公司的员工最重要的问题是他们不清楚企业宗旨，他们甚至不知道企业存在的目的、企业的使命和打算执行的活动。

企业宗旨是企业生产经营的哲学定位，也就是经营观念。企业使命为企业确立了经营的基本指导思想、原则、方向、经营哲学等，影响企业经营者的决策和思维，包含了企业经营的哲学定位、价值观以及企业的形象定位：企业经营的指导思想是什么？如何认识自己的事业？如何看待和评价市场、顾客、员工、伙伴和对手。但是，许多企业对这些方面的认知不够清晰，导致没法建立统一的企业氛围和环境、没法保持整个企业经营目的的统一性，也没法明确发展的方向与核心业务。

（三）行为标准层出现的问题

当今社会，许多企业集团的母公司、子公司在构建企业文化的过程中遇到最严重的问题出现在行为标准层。一方面，一些子公司急于求成、好高骛远、渴望成功，于是在企业文化的建设中，他们渴望离开母公司的文化体系，不切实际地追求创新，反而丢失了母公司宝贵的行为标准准则。另一方面，企业文化建设流于表象，企业管理者并没有真正将文化向制度方向进行转变，也没有深刻领悟企业文化的内核，文化无法真正发挥作用。子公司的企业文化建设应该是动态和持续的。在接受现代化管理模式及理念的同时，也应该发扬传统的宝贵精神，使母公司、子公司处于同一发展水平。母公司企业文化的建设是由几代工作者慢慢建立积累起来的，是一个较为完善、成熟的文化体系，能够较好地反映公司的发展状态及规律，因此子公司也需要吸取这些经验，只有在此基础上进行创新才可以变得更加优秀。

（四）价值观方面出现的问题

从价值观方面讲，子公司是母公司的附属，但是由于地域文化、行业种类等不同，二者之间的差异是一定存在的，这也就导致了母公司、子公司在文化建设方面存在差异。所以，母公司、子公司之间的理念与文化冲突或多或少是存在的。有冲突不一定总是坏的，不过只有在母公司的文化软实力较强的情况下，冲突与矛盾才会有可能形成有利于公司的情况。如果母公司的企业文化、软实力较弱，就可能会发生母公司文化被子公司剥夺的情况，产成偏移量，会在以下方面引起各种问题。

首先是价值观。企业价值观是企业文化的核心层面，它对母公司和子公司文化整合的影响往往是内在的和隐藏的。价值观的差异将使母公司、子公司在管理理念、企业使命、未来战略、员工待遇及行为准则等方面存在较大的差异。如果二者的差异较大的话，可能会导致母公司的文化在整合的过程中被颠覆。

其次是管理理念。在企业文化构建的进程中，人们往往认为管理理念就是企业经营的准则，其实管理理念还包括产品的设计、研发、生产及销售。在一个大型企业中，母公司与子公司很可能属于两个完全不同的行业，所以其中的研发、生产及员工类型可能是完全不同的，管理理念存在差异也是正常的。

（五）具体行为方面出现的问题

现阶段很多企业重视员工行为管理，并取得了一些成效，但仍有些问题需要解决。如果企业对员工行为管理缺乏切实可行的管理奖惩制度，那么除了靠员工自觉，将很难激励其他员工积极效仿。当下，很多企业对员工管理采用强制措施，员工只能顺从，不能提出异议，管理层认为自己是企业的主人，居高临下，难以融入到员工中去。

发现问题之后，如何依据冰山模型建设企业文化实施路径是企业文化落地的重要环节，具体方法如下：

第一，重视观念建设。企业文化建设最基本的就是观念的建设，这是企业文化建设的起点，同样也是企业文化建设的重点。各种仪式必不可少，如公司会议、展览、庆典和公司节日。它们能够有效地促进企业理念丰富和生动地贯彻到其他方面。

此外，还有必要为所有部门和员工提供一个学习的榜样——英雄人物或优秀人才可以让所有员工感受到真正的影响。

第二，重视共有价值观建设。共有价值观是 OC 的核心和基石，是组织的灵魂，也是维系组织生存发展的精神支柱，对组织成员具有导向、凝聚、约束和激励的作用。价值观是人们选择行动的判断标准，它能决定管理活动的成效和方向，是 OC 理论的核心概念。共有价值观的建设是实现母公司、子公司企业文化一致与相互适应的重要步骤。

建设群体意识。群体是组织，群体意识是指组织成员的集体概念。群体意识是由内在凝聚力形成的重要心理因素，它的形成将使公司的每位员工都能将他们的工作和行为视为实现集团目标的一个组成部分，使他们为自己作为企业成员感到自豪，并对公司的成就感到荣幸。

第三，重视宗旨建设。企业宗旨中关于企业存在的根本目的的陈述为全体员工树立了一个共同为之奋斗的价值标准，它是企业以及全体员工选择自身行为的总规范和总指导。衡量个人的行为和目标、部门的行为和目标，乃至整个企业的行为和目标是否符合企业发展的方向的价值标准就是企业的价值标准。同时，企业价值标准还起着激励员工的作用。

树立区别于其他企业的形象。企业宗旨中关于企业经营思想的行为准则的陈述，有利于企业树立一个非凡的、个性化的、不同于其他竞争对手的企业形象。因为它反映了企业处理自身和社会关系的态度，反映了企业处理与各种相关利害团体和个人关系的观点和态度。良好的社会形象是企业宝贵的无形财产。

第四，重视行为标准建设。行为标准，是社会群体或个人在参与社会活动中所遵循的规则、准则的总称，是社会认可和人们普遍接受的具有一般约束力的行为标准。包括行为规则、道德规范、行政规章、法律规定、团体章程等。

行为标准的建设可以反映出企业文化建设的程度，也可以体现出母公司、子公司在企业文化建设中的一致性。

第五，重视具体行为建设。具体行为建设是一种方法。通过在一个公认的计划目标、标准、能力要求的框架中去理解和实施管理行为，进而使整个企业及其中的团队、个人得到更好的发展。

行为建设也是一个过程：对目标达成共识，用一种增加达到短期和长期目标可能性的方法来管理和发展人员，它能够在母公司、子公司的企业文化建设中起到更好的规范性作用，增强母公司、子公司企业文化的适应性，并且能够让全体员工参与企业文化建设。

第二节 I【案例】海尔企业文化丹尼森模型分析

海尔文化是一种价值，这一价值的核心是创新，它是海尔多年发展逐步形成的特色文化体系。海尔文化以概念创新为导向，以战略创新为保障，以市场创新为目标，员工的普遍认可和积极参与是海尔文化的最大特色。随着海尔从无到有，从小到大，从大到强，从中国到世界，其文化一直都在不断创新。

一、从丹尼森模型的角度分析海尔的企业文化

（一）海尔企业文化的适应性

海尔捕获和响应来自市场及其客户各种直接和间接信号的能力很强。根据市场的发展趋势和客户需求的特点，海尔认为，只有高品质的产品才能长期占领市场，从而创造质量变化。当时，质量变化并非没有风险，因为这意味着必须重新启动公司的许多生产行为、必须果断地放弃以前的一些经验，如果改革失败就会引发更大的危机。海尔通过对市场信息的及时把握和科学分析，加强了这一变革的可行性和价值。海尔非常重视客户的需求，事实上，这种变化也反映了海尔"客户至上"的理念。从销售到售后，海尔提供了一种非常人性化的服务来满足客户，正如其员工工作理念：您的满意是我们的工作标准。这种"客户至上"的理念也使海尔长期保持着良好的公众形象和信誉。

（二）海尔企业文化的使命

海尔有其实践愿景和远大目标。目前，海尔的目标是打造中国的世界名牌，为国家赢得荣耀。这一目标完美地将海尔的发展与海尔的个人价值追求相结合。在实现海尔"世界知名品牌"目标的过程中，每位海尔员工都将充分认识到自己的个人价值和追求。这一愿景和目标得到了员工的广泛认可，员工将努力提高工作绩效，帮助企业实现其战略目标。此外，海尔还制定了一系列与使命、愿景和战略密切相关的目标，并分解和完善了战略目标，以使每个员工都可以在工作中参考这些目标。

（三）海尔企业文化的参与性

海尔通过赋予员工一定的权力和资源，为员工提供更多的机会；海尔还强调团队合作，并坚持"团队的力量是强大的"；它将整个组织整合为一个强大的战斗团队，然后根据分工将其分成几个小团队，避免任意性并确保组织内的顺畅沟通。此外，海尔还非常重视员工能力的发展，特别是研发能力，因为这与海尔最重要的生命力有关。因此，海尔每年在研发方面投入大量的财力和人力。与此同时，海尔大学成立，通过系统有效的培训，将公司文化、管理技能和先进技术传授给员工，创建了一个学习型组织。每个员工都有强烈的学习欲望，这对海尔的发展至关重要。

（四）海尔企业文化的一致性

海尔的核心价值观是创新，这一核心价值已渗透到每一个海尔人的心中，并得到了所有人的一致认可。当时，非常著名的"砸冰箱"事件让员工开始创新，创新成为海尔的核心价值观。海尔需要具备创新意识和能力，否则就没有生存空间。后来，在实践中，这种创新的核心价值不断升华并被广泛接受。此外，公司董事长张瑞敏亲自粉碎冰箱，有效灌输了海尔的企业文化，使员工积极配合高层决策，努力实践，这也是海尔文化长期得以维持的重要原因。

二、以丹尼森模型为基础分析海尔的企业文化

海尔企业文化中的适应性和参与性使得员工能够在工作中保持灵活性和创造力，这也是海尔创新这一核心文化能实现的基本条件，因此必须得到保证。海尔文化中的使命和一致性与上述特性虽然存在理论上的冲突和矛盾，但因为它们是为上述特性的实现所服务的，很多时候也是由它们所导出的，因此二者之间可以做到虽有矛盾却相互促进。

同样，海尔文化中的适应性和使命是海尔对市场外部环境的反映，也是海尔创新的动因所在，因此处于主导地位。但是，参与性和一致性也很重要，海尔通过有效培训、适当授权、领导亲管等行之有效的方式确保了企业内部的稳定和统一，且没有和企业的其他文化产生冲突。

三、从海尔企业文化建设中得到的启示

第一，不同的文化特征会影响企业绩效的不同方面。例如，外部关注通常会在很大程度上影响市场份额和销售增长，而内部关注通常会影响员工满意度。灵活性与产品创新密切相关，而稳定性则影响财务指标，如资产回报率和盈利能力。

第二，确保企业文化各种特征之间的矛盾冲突相互促进和相互影响，确保企业文化的长久生命力。丹尼森模型揭示了企业文化的冲突特征，要求企业在塑造企业文化和避免内部矛盾方面进行必要

的平衡和协调，其关键在于公司必须充分认识到自身的业务发展状况和战略目标，并以此为参照，强化企业文化的特征，采取有效的策略，形成协同作用。

第三，企业文化的塑造需要高层领导的关注和财政物质资源的支持。企业文化的塑造不是纸上谈兵，而是实践。公司的高层领导在企业中具有很高的影响力和声望，因此领导有必要在塑造企业文化的过程中提供必要的资金和物质支持，遇到问题时，还要及时作出判断和决策，确保企业文化的方向正确。

第三节 ｜ OC 实施保障措施

一、OC 实施中的关键节点

企业文化，中国 90% 的民营企业老板只知其有，不知其用，这将是中国民营企业家要思考的一个问题。

（一）剥开企业文化的外衣

很多企业家认为，企业文化是一个比较"虚"的东西，因为他看不到企业文化的作用。企业文化要发挥作用，并不是一朝一夕之功。中国南北文化的差异造成了不同的人文特色，一方水土养一方人，一个区域文化可以造就一方人文特色，而这一特色要经历多年的沉淀。所以，一个企业文化模式的终点是让员工形成符合企业要求的行为准则和心智模式。在一般情况下，企业文化所扮演的角色，就好比公司里唯一的"闲人"。生产部在紧锣密鼓地搞生产，市场部在披星戴月地忙市场，财务部在手忙脚乱地忙各部门的账务核查，采购部在热火朝天地忙采购，仓库也是日夜加班加点忙出货，只有企业文化部门在贴些内部通讯、员工行为规范、行业知识、会员信息反馈，还有墙壁上的那些文字和图片。这些在老板看来没有多大作用、觉得花了一笔钱弄的一些花里胡哨的东西，其实就是企业文化的外衣。作为企业老板不能只看表象，不看实质，让我们剥开企业文化的外衣,从实质角度看企业文化。

(二)让文化治理代替制度约束

企业从小型企业发展到规模企业,就是企业从"人治"到"法治",最后到"心治"的过程。"心治",即企业文化治理的过程。从"人治"到"法治",这是很多企业家能看到并能接受的企业局面,而从"法治"到"心治",即企业文化治理企业的局面,是很多企业家没法预知并且没法相信的局面。基于此,企业老板,特别是缺乏预见性的老板会难以接受企业文化。

让企业文化落到实处,重在执行与落实。企业文化并不是像一般人所看到的只是一个"花架子",要让它落到实处,就要对企业文化进行系统化的梳理,从员工的入职培训到生产车间的质量理念,从员工的起居生活到文化主题活动,从企业管理制度到员工绩效考核,从内部会议到企业文化宣传栏,从企业内部办公网络到市场销售网络,在每一个环节都进行企业文化的渗透,让口号变成行为规范,让行为规范变成做事规则,让做事规则变成企业考核的可描述性的关键性业绩指标,这就是企业文化的根本。

(三)让企业文化"实"起来

如何才能让企业文化"实"起来?这可能是每一个从事企业文化工作的人所关注的问题。企业文化就像是一项系统化的工程,而有特色的企业文化就像一家大型加工厂,那么,它生产什么呢?比如,某食品企业是一家具有优秀文化特色的企业,每一位进入这个企业里面的员工就好比原材料,并且这些原材料还带有自己的一些个性特色,而作为有独特企业文化的企业,从这个员工进入大门的那一刻起,他就在感受你的企业文化,企业的建筑特色、第一个接待他的前台文员的整体形象、办公楼的整体布局及装饰，都会像放电影一样录入他的大脑。这些如果能够很系统地策划好，就是一节初步的企业文化印象课，在这个阶段和他有接触的行政人事部员工及经理的办事态度和办事方法都会给他留下很深的印象；如果是形成了一定特色的企业文化，员工的整体面貌，及行政人员对公司的讲解都将是一个非常直观的教育课程，会长期影响一个员工的工作与生活。员工的入职培训是一个强调注入的教育体系，也会提供员工进入一个新的环境急于了解的一些内容，这个内容设计的好与坏就与企业文化教育模式的特色相关。当员工培训完毕后就会进入公司的生活环境，饭堂、宿舍、文化宣传栏这些能传导企业文化的载体都是他们接受企业文化的最好载体。所以，企业文化不是"实"不起来，而是企业老板在用"虚"的眼光看待它。

（四）让精神文化"精神"起来

企业文化的精神层教育至关重要。这可是涉及人的心智模式的改变，就好比一个工人看到厂区里有一块香蕉皮后，他是视而不见还是弯腰把它捡起来放进垃圾桶？这个行为在公司里有多少人能做？如果通过调查，只有20%以下的人员做到，就说明这个企业的文化没有落实到位，因为这可能是这20%的员工本身的素质使然，并不是公司文化的作用。如果通过调查这一行为发现公司有80%以上的人员做到了，就说明这个企业的文化工作做得非常到位，这80%的比率数据就是企业文化落到实处的考查数据。当然，不仅是这一基本行为，珠海某食品公司的质量行为规范就要求每一个员工都是质检员。这一理念渗透了17年后，车间老员工都形成了一个习惯性的行为动作——对不符合质量标准的产品，每一个老员工都可以进行抵制。据说有一次采购部采购的一批油脂标准较低，生产车间的工人制作蛋卷时感觉明显不妥，他们把这一情况反映给质检员后要求马上停产，并要求调配间更换合格的粉浆。作为一名车间员工，能有如此勇敢的行为，其实就是元朗质量理念的渗透，因为没有好原料就不会有好品质。这种行为其实就是企业文化理念渗透到位的结果。一般企业的普通员工会有这种主人翁精神吗？没有日积月累的文化影响，这个员工是不会这么有责任心的。

如果企业按照上面的方法和规则去执行与落实，一年复一年地坚持下去，企业文化就会由"虚"变"实"。

二、OC 建设规划方案

企业文化为何被人感觉华而不实，一个重要的原因就是落地实施很难。而想要推行文化建设就必须有详尽的 OC 建设规划，下面我们就对企业文化建设规划进行分析。

（一）方向把控：以人为本

员工是企业的主体力量，企业的文化是全体员工的文化，企业的价值观必须融入广大员工的思想观念，才能在企业的形象、企业的行为和员工的规范中得到体现，才能得到广大员工的认同。通过学习成功的特色企业文化建设案例（如海尔、联想），我们可以得到如下启示：企业文化建设需要更多的员工共同参与、共同发展、共同努力，这是其能落实到个人、更是保证执行效果的关键所在。

（二）精神需求

按照马斯洛的需求层次理论，人的需求有 5 个层次：生理、安全、社交、尊重和自我实现（即成就感）。对于职场人员而言，大家更关注的是后两者。

（三）尊重需求

人人都是人才，人人都可为企业创造价值。在精神需求之中，尊重是最根本也是最可贵的。一个企业中的员工情况千差万别，但我们都是团队中的一员，没有高低贵贱之分，人人都渴望得到尊重，每个人都有被尊重的权利。相信在相互尊重的文化之上，公司的各项管理制度将会被事半功倍地得到落实。

（四）成就需求

成就需求是一种追求卓越、实现目标和争取成功的内驱力。凡是有事业心、有进取心、重成就的人，都有成就需求。他们在工作中取得成功或者攻克难关时，从中得到的乐趣和激情，胜过物质的鼓励。企业在管理过程中，要满足员工的成就需求，可从以下几方面入手。

第一，企业要注重团队及个人的工作成果。每个人都期望自己的工作能取得更大的成就和满足，但是这种成就和满足不应被埋没而应得到体现，这样才能源源不断地激发个人的动力。企业的管理应该有一双善于发现团队或员工突出成绩的眼睛，比如对于提前完成工作任务的团队和作出特殊贡献的个人，都应提出表扬和奖励，等等。

第二，定期举行表彰会议。在每周或每月的公司会议上，评出上周或上月的优秀员工，通过流动奖杯以及企业文化墙宣传的形式奖励本次优秀员工，增强其荣誉感。同时对于当年获得流动奖杯达到一定数量者，可以获得此流动奖杯，给员工以长久的激励和荣誉。

第三，执行等级晋升机制。一个项目的成功，项目负责人所体验到的成就感是普通成员无法比拟的。所以，员工职业晋升体系可以让员工在持续的职位／级别晋升中，极大地激发成就动机，从而满足员工的成就需求。一个职位可以分为几个小等级，每半年或一年给予员工一次晋升机会，根据贡献实现其价值。

（五）人文关怀

人文关怀就是增加员工的归属感。把员工当家人看、让员工有家庭感和幸福感，这就需要企业团队建立一种和谐相处、互帮互助的工作氛围。企业可通过各种方式关怀员工，让其体验公司的温暖，使其愉快地投身于工作之中。人文关怀主要体现在公司环境的布置、心理疏导、与重点员工进行谈话、座谈茶歇会等方面。

公司环境的布置：建立企业文化墙，宣传公司的理念和价值观。文化墙内容可以是公司近期的发展目标、优秀员工风采、近期员工优秀事迹、活动照片、天气预告、意见反馈箱等；建立咖啡茶歇室，让工作累了的员工有一片自己安静的思考领域；等等。

心理疏导：通过与员工交流沟通、清楚员工的心理需求，了解员工在工作和生活中所遇到的重点、难点，关心员工的疾苦。沟通了解的形式有以下方式。

与重点员工进行谈话：前期通过聊天了解每位员工的基本生活情况和工作情况，尽量与之成为朋友，之后在平常生活中增加对每位员工情绪的关注。当发觉某一员工在某一段时间情绪持续不佳时，可与其单独会谈，了解问题，一起帮助其解决问题。

座谈茶歇会：每个月以茶歇会的形式将员工聚到一起，一是增进工之间的友谊，二是让员工畅所欲言。

开展文体活动：健康乃生命之本，关心员工的身体，积极开展文体活动，是对每一位员工负责任。何况每名员工都有自己的特长，当企业积极地为员工搭建舞台，根据员工的兴趣定期举办相关活动时，如羽毛球赛、乒乓球赛、歌唱比赛、书画比赛、摄影比赛等，就能提高员工的活力和斗志。

成立帮扶基金：可用于扶持出现突发性灾难的员工家庭。

此外，还可以送一些生日和过节的祝福，不定期举办一些特色活动，等等。

（六）能力需求

青年员工想成长，老员工想要与时俱进，谁也不想落后。但是很多时候他们会遇到个人发展的瓶颈，甚至失去方向，因此他们需要企业内部资源的指导和帮助。

1. 建立内部导师制度

各部门经理都有培养本部门下属、促进部门人员成长的职责。同时，基层员工可根据自身需要选择自己的导师，主动联系导师咨询业务难题、技术难题、职业规划、管理技能以及业务技能，导师对员工提出的问题要在固定的时间内进行指导、解答。对于表现积极优异的导师和员工，在年终时可给予奖励。

2. 开办课堂，加大学习力度

一方面，企业可定期或不定期举办培训活动，加强员工的学习能力。学习的具体内容可分为两块：一是管理及业务能力的提升（培养对象为企业销售运营团队以及技术部中层管理），二是技术能力的提升（培养对象为技术部所有成员）。企业还可以定期举办读书沙龙：比如每月给员工发放相关主题的书籍（经济管理、心理学、互联网技术专业），并以当期发放的书籍内容为主题举办沙龙，大家相互探讨、共同进步。

（七）知行合一：执行

执行，就是把文字方案、虚幻的思想变为人的实践行动。企业有了一个好的方向还只是起步，需要具体的执行才能巩固，如果没有坚定的执行力，再多、再好的愿景也只是空中楼阁。因此，只有文化建设的管理者将项目一一执行到位，员工才能从企业文化建设的活动中获益。企业可以建立一个企业文化建设小组，组长作为领导人推行和领导开展企业文化建设，组员负责文化建设工作的具体执行和实施，确保计划能够执行到位。

（八）讲究实效：落实

执行是做事，落实是做成事，是执行到底的最佳结果。企业是要依靠结果来产生和发展的，企业文化建设对员工影响力的程度也是通过结果来呈现的。有了结果才有实效，因此，方案的实施能否成功的关键还在于能否落实，这就需要企业文化建设小组有高度的责任心和执行力，能将每一项建设都落到实处，从而让每位员工都能感受到企业的良苦用心，真正地提升他们的幸福感。

（九）反思总结：进步

企业的文化建设是一个长期的过程，人们的思想和需求也会随着时间和经历而改变，在把握企业文化的核心和主干之后，对于人的思想工作，我们也应该根据其需求而作相应的调整。为了了解员工内心的真实所需，我们可以不定期地制作调查问卷，匿名调查、了解员工内心的真实需求，并定期对于前一段的工作进行回顾总结。通过与员工进行沟通交流，企业要争取让每一位员工都能深爱我们的大集体。

三、实施 OC 保障措施

利用冰山模型分析法，HR 伙伴可以以此为思路实施 OC 保障措施。

（一）观念文化保障

若想企业文化的核心得以实现，就要打造适应企业文化发展的观念；若想企业拥有独特的标识，就要建立良好的品牌形象；若想使公司的观念文化得以实现，最重要的一点就是宣传企业的文化观念。因此，应该从文化培训和跨文化培训入手，打造统一的企业形象。

（二）宗旨文化保障

以客户需求为第一要务，这个理念就是以人为本。实际上，日常管理行为通常体现在文化建设和服务中，直接看客户实际需求首先要求服务理念——公司应与客户沟通，以了解客户需求；其次，根据客户需求开发目标产品；最后，应该提供专业的产品和服务，以满足客户的需求。

（三）共有价值观保障

1. 在企业中建立示例标准

从榜样中学习的频率越高，文化建设就越积极。因此，在企业中，树立精神基准有利于加强文化建设、统一全体员工的思想认识、增强企业凝聚力。

2. 经理讲述和传播企业文化

企业应培训大量的管理人员讲述和传播企业文化。一方面，这些经理知道如何在公司内部建立企业文化；另一方面，这些经理已接受企业价值观。在管理过程中，他们不知不觉地就会将一些企业文化传播到所在部门，促进企业形成相同的价值观。

企业是许多员工的集合。因此，为了建立和完善企业文化体系，有必要获得员工的精神认同和行为协调。为了实现这一目标，首先必须从所有员工的利益出发，扩大和升级文化建设，以确保文化建设的有效性。企业文化建设强调"共识原则"，"共识"是指有共同的价值判断。企业是一个整体，但如果一个企业员工不考虑集体，而只考虑个人的工作意愿和人际关系，那么公司的规章制度也可以被视为一纸空文，没有核心的企业会变得缺乏凝聚力和团队精神。

如果没有整体协同作用，公司将无法实现长期发展。企业文化不是企业中某个人或团体的"文化"，而是大多数成员的"文化"。我们必须从不同群体和丰富的个人价值中抽象出一些基本信念，然后通过一系列宣传手段加强这种信念以达成共识，这种共识就是企业凝聚力的来源。

（四）行为标准保障

1. 将企业价值观转换为规范的管理制度

企业文化的实施是企业文化整合的关键。将价值观转变为标准化的管理体系，意味着将企业文化转化为具体的管理方法。将价值观转化为企业制度，须做到以下两点：首先，企业价值观是管理体制创新的直接基础；其次，管理系统是衡量价值合理性的尺度。

2. 加强员工与管理层之间的交流与沟通

管理者与员工的组织认同和共同价值，可以通过两种社会建设机制实现：垂直整合机制和横向整合机制。垂直整合机制是指高层管理者与中基层管理者的沟通和联系机制，它旨在阐明 OC 建设中的角色定位和协作、提高工作效率。

（五）具体行为保障

确立符合企业文化发展的具体行为是企业文化发展的主要目的和根本追求。企业文化具体行为是企业全体员工在思想上、工作上和生活上表现出来的态度、行为，体现企业的整体素质和对外形象。

企业可以确立 VI（视觉识别）——统一标识、服装、产品品牌、包装等，并实施配套管理。在企业发展中还要以务实的态度不断完善企业视觉识别各要素，做到改进—否定—再改进—再确定，这包含企业标识、旗帜、广告语、服装、信笺、徽章、印刷品统一模式等。此外还要依次规范员工的行为礼仪和精神风貌，在社会上建立起企业的良好信誉。

确立 BI（行为识别），主要体现在两个方面：一方面是企业内部对职工的宣传、教育、培训；另一方面是对外经营、社会责任等内容。要通过组织开展一系列活动，将企业确立的经营理念融入企业的实践中，指导企业和职工行为。

四、OC 落地实施"五大法宝"

从 20 世纪 90 年代后期开始，越来越多的中国企业开始重视企业文化建设，但企业文化建设的效果却大相径庭。有的公司投入高昂成本聘请顾问公司设计 MI、BI、VI，但由于缺乏实施举措，企业文化始终被束之高阁，难以落地。根据多年的管理咨询经验，我们认为，企业文化的落地实施其实有一些规律可循。推行企业文化建设落地实施，可以从以下 5 个方面入手。

一是企业文化培训。企业文化培训是企业文化落地实施的第一步，通过培训加强员工对企业文化的认识，使之入脑入心。那么如何做好企业文化的培训实施工作呢？首先，领导应该带头参与培训。

公司领导带头听课，尤其是带头讲课，会充分表现出公司对企业文化培训的重视和对推进企业文化落地实施的决心，有利于提高培训工作的质量。其次，要分层、分批组织培训，譬如公司统一组织中高层管理人员培训和新员工培训，公司各下属单位组织本单位员工培训。最后，需对企业文化培训的质量进行考核，比如可以组织企业文化知识竞赛、企业文化演讲比赛，把企业文化培训工作推向高潮。

二是企业文化宣传传播。企业文化的落地与企业宣传工作密不可分，这也是许多企业把企业文化管理职能和宣传职能合并的重要原因。坚持不懈做好企业文化宣传工作，有利于培养员工认同感和归属感、增强员工主人翁精神，在潜移默化中实现员工的价值观与企业价值观的有机融合。

企业文化宣传须注意两点：一是要把握好宣传传播主题，企业文化宣传主题必须始终不渝围绕企业基本价值理念，尤其是核心价值展开，必须服从和服务于企业战略发展大局。二是要选择好传播媒介，传统媒体和新媒体众多，企业文化宣传传播必须要有所选择，要有的放矢。

三是企业文化展示与传承——实施"六个一"工程。企业文化一要展示出来，二要传承下去，通过展示和传承，持续地给员工以视觉与听觉冲击，营造潜移默化的文化环境。在咨询实践中，我们提出企业文化展示与传承的"六个一"工程，效果不错。"六个一"即"一篇赋、一首歌、一座雕塑、一个陈列室、一个内刊、一个仪式"。通过展示和传承，传播企业价值理念，引导和凝聚员工积极参与企业改革发展，树立共同的价值观和信仰，激发荣誉感与责任感，增强企业的凝聚力。

特别值得一提的是"一篇赋"和"一个仪式"。"一篇赋"可谓企业文化体系建设的点睛之作，在企业文化传承体系中居引导地位。围绕企业文化理念、企业发展战略和企业发展成就作一篇企业赋，以辞赋的艺术形式诠释企业的使命抱负、宣示企业的核心价值，有利于坚定信念，凝聚力量，时刻鞭策和激发公司员工奋发进取。如果把企业赋以碑刻形式呈现出来，将有利于向社会各界传递企业的正能量。"一个仪式"指员工入职宣誓仪式，它是庄严宣告、是心灵告白，更是一次深刻的精神洗礼。通过入职宣誓仪式，有利于增强员工的职业使命感、职业责任感和职业荣誉感。

四是实施企业文化楷模工程，创建企业文化示范班组和评选企业文化模范员工，是促进企业文化落地生根的重要举措。通过示范班组的创建和模范员工评选，可以深化员工对企业文化理念的理解，倡导对职业操守和行为规范的遵守，激励员工自觉自主践行企业文化。

五是将企业文化建设与文体活动融合。文体活动是把企业文化建设不断引向深入的生动载体。结合文体活动推进企业文化建设，不但可以推进企业文化建设，而且易于取得成效。文体活动寓教于乐，可以将企业文化的深刻内涵以人们喜闻乐见的形式表达出来，将教条而又呆板的东西以一种生动活泼的形式呈现出来，它像火把点燃员工心中的激情，令人热血沸腾、精神振奋。企业可通过联谊及竞技性的文体活动增强企业文化建设，让企业文化融入员工生活、强化员工团队合作精神。

第四节 |【案例】奈飞文化手册

流媒体巨头奈飞可谓是当今世界最被认可的公司之一。尽管有包括亚马逊、迪士尼在内的竞争对手与之争夺市场，奈飞仍然保持着用户数量和营收的增长。这家公司以在线预订模式开展的电影 DVD 租赁业务风生水起，引人注目。到今天为止，奈飞已经成为一家市值约一千亿美元的巨头。

奈飞成功的秘密是什么？很多人在探寻这个问题。奈飞创始人里德·哈斯廷斯会把这个问题的答案归结为奈飞对优质内容的苛求——"为用户提供更棒的内容、更棒的产品体验"。不过，要做到这一点，显然需要优秀的团队文化。这家公司以优秀的企业文化著称。奈飞的企业文化 PPT 曾经在硅谷和中国的创业圈内广为流传，其中很多句子已经脍炙人口，如"情景而非控制""把公司当球队而非家庭"等。脸书的首席运营官谢丽尔·桑德伯格就曾盛赞这份 PPT，说它可能是硅谷历史上最重要的文件。

奈飞的前首席人才官帕蒂·麦考德（Patty McCord）是这份 PPT 的作者之一。她在离开奈飞之后，出了一本书——《奈飞文化手册》。在这本书中，她更进一步地解释了奈飞是如何打造高效的企业文化的。

麦考德说，奈飞并不是每件事都做得很对，他们也犯过不少错，而且在如何应对挑战上，也从没有一个"顿悟时刻"。奈飞做的只是用渐进式适应的方式开发了一套新的工作方法，然后把这套工作方法教给团队，给他们足够的空间，要求他们来践行这些方法，这样的团队将是让你获得成功的最好的驱动力。

在奈飞的企业文化中，有很多观念具有颠覆性，和人们通常的认知不同甚至相反。而麦考德在这本书里也无不夸张地说："关于如何在今天的商业世界取得成功，我们在奈飞学到的最基本的一点就是，在整个20世纪发展起来的那套复杂而烦琐的管人系统，是无法应对企业在21世纪面对的挑战的。"

所以，奈飞所代表的文化，可以说是公司在不确定性巨大的商业环境中应该拥有的文化。

奈飞具体是如何做的呢？麦考德在书里面提出了8条文化准则。

第一条：只招成人。

奈飞有一项制度，刚出来时让很多人都觉得不可思议。那就是，允许同事自己来决定什么时候休假。奈飞原来的休假制度跟很多公司大同小异——每个员工每年有一个固定的带薪假期，休假之前，一级一级去申请。奈飞取消了这个制度。在奈飞，你想什么时候休假，就什么时候休假。只需要跟自己的直接领导说一声。你可能会担心，这样岂不是乱了套了，所有人都休假去了，没有人工作了。结果，大家的休假行为并没有什么特别的变化。奈飞这样做，就是相信员工会对自己的时间负责，相信员工是一个有能力安排好工作和休假的成人。

成人还有很多特质。比如，成人不会只是抱怨问题，而会自己动手解决问题——遇到问题只会抱怨，那是小孩子的行为。再比如，成人懂得纪律的重要性。

麦考德说："伟大的团队是，每一位成员都知道自己要去往何方，并愿意为此付出努力。建立伟大的团队，不需要靠激励和福利待遇，靠的是招聘成人、渴望接受挑战的成人，然后清晰而持续地与他们沟通他们面对的挑战是什么。"

第二条：要让每个人都理解公司的业务。

奈飞相信，"如果员工做了愚蠢的事情，要么是未被告知相关信息，要么是被告知了错误信息""高层管理者以为分享业务遇到的麻烦会加剧员工的焦虑感，但其实更让人焦虑的是对信息一无所知"。

这条准则对应在那套 PPT 中，就是情景管理，而非控制。尽量告知员工他所处的环境中的所有信息，然后由他来判断怎样行动是最合理的，而不是只告诉他你认为他需要的信息，让他严格按照指令来行事。

第三条：绝对坦诚，然后获得真正高效的反馈。这也是桥水创始人瑞·达利欧非常推崇的一点——要在公司做到绝对透明和绝对坦诚。为了做到这一点，桥水甚至会对每一次会议进行录音。奈飞没有这么极端，但是麦考德也相信，"商业领域最有价值的洞见之一，就是礼貌而诚实地告诉员工真相并非一件残忍之事"。

奈飞的文化支柱之一，是要开诚布公。如果某个人对另一名同事有意见，最好的方式就是当面沟通。麦考德说，她非常痛恨办公室政治，一个原因当然是办公室政治很肮脏，另一个原因则是，办公室政治会导致工作非常低效。

第四条：只有事实才能捍卫观点。美联储前主席艾伦·格林斯潘有句名言："先生们，你们可以拥有自己的观点，但是你们不能拥有自己的事实。这句话的意思就是，观点当然可以人人都有，但是事实在大多数情况下却没有那么多样，事实是什么就是什么。"

在奈飞的企业文化中，员工可以有自己的意见，也可以为自己的意见辩护，但是意见要始终以事实为依据。没有事实支撑的意见，是没有价值的。麦考德说："商业上的一个巨大危险就是，有人因为自己强大的说服力赢得争论，而不是依靠观点本身。"为什么会这么危险？因为商业是最讲究用结果说话的，不是赢得辩论就算赚钱。

第五条：从现在开始，组建未来需要的团队。这句话的意思是，要面向未来，思考自己需要什么样的团队成员，而不是眼下缺什么样的人，才去找什么样的人。

奈飞对招聘高度重视。面试的重要性要高于任何已经确定好的会议。面试也是奈飞的高管可以缺席高管会议或者提前离开的唯一理由。这种行为体现了公司对人才的尊重——候选人评估公司，就像公司评估候选人。

此外，虽然奈飞的人力资源部很强大，但是最终作出决定的是用人部门的领导。因为是他的团队要对最终绩效负责。

麦考德在这里提出了一个会让很多人觉得不可思议的观点：员工的成长，只能由自己负责，管理者不要把自己当成员工的职业规划者。

麦考德认为，管理者最应该做的事情，是确保公司能够生产出优质产品以及服务好客户。管理者最重要的工作是确保公司成功，所以就有必要不断搜寻人才，重新配置团队。

与此相对应，如果某位员工想要争取的职位，是公司没有办法给的，她也会鼓励对方去其他公司寻找机会。而且，不同于很多公司，奈飞会鼓励员工经常到其他公司面试。这样做，员工就可以自己判断市场上是否有更好的机会，公司也可以知道员工在市场上的受欢迎程度。"建立更具流动性的团队带来的好处是双向的。"

第六条：员工与岗位应该是高度匹配，而不仅仅是匹配。麦考德说，在奈飞的人才管理理念中，最基本的是这三条：招聘优秀人才以及决定员工是否应该从现有岗位离开的责任，主要在管理者身上；

每一个岗位都要招聘一个高度匹配的人，而不仅仅是一个匹配的人；如果一个人的技能与岗位要求不再匹配，即便是非常优秀的人才，也要跟他说再见。

同样跟常理相相违，麦考德提出："留住人才不是团队建设的目标。"

最好的公司和最好的人才类似。最好的公司在不断积极引进新人，而最好的人才总是在寻找有挑战的机会，"你永远也不会知道他们何时决定离开，通常你也没有办法阻止他们"。

因此，保留人才不是衡量团队建设是否成功的指标，正确的指标是，能否建立一个高度匹配的、面向未来的团队。

这一点奈飞跟谷歌不同。谷歌会尽其所能把最优秀的人才招到公司，对谷歌而言，人才数量非常重要。而奈飞只招最合适的人才。奈飞会问自己："这个人喜欢做的、极其擅长做的事情，是不是公司需要有人擅长做的事情？"

科技公司还有一个风气是，提供丰厚的办公室福利。比如，在办公室提供美食和各种饮料、提供运动场地，等等。麦考德对此也有异议。在她看来，工作的幸福感，应该来自和优秀的同事一起解决问题，创造出让用户满意的产品或服务，而不是来自办公室的睡袋、桌球和啤酒。

第七条：同薪酬相关。在奈飞，支付市场最高薪酬是高绩效企业文化的核心。如果你的员工是卓越的，那么他们就值得卓越的报酬。麦考德在这里把这条准则称作"按照员工带来的价值付薪酬"。

她在奈飞工作时，经历过一次挖墙脚事件。谷歌给一个奈飞的人开出了两倍的工资。这名同事的团队成员和上司都要求麦考德涨薪以留下这个同事。刚开始麦考德很生气，她的反应是："不能因为谷歌比上帝还有钱，就让它来决定每个人的薪水。"

但后来麦考德做了一些调查，冷静思考了一会儿，认为这名同事的确值得挽留，因为，"世界上很少有人在这个领域有他那样的专长"，不能以当时的公司标准来看待他的价值。她不但挽留下了这名同事，还给团队中做同样工作的人，薪水都翻了一番。

麦考德说，这次经历改变了她和奈飞对薪酬的想法。在某些工作上，奈飞人创造了专业性和稀缺性。这种情况下，"如果严格遵照内部薪酬标准执行，实际上会损害那些最优秀贡献者的利益，因为他们在别的地方挣得更多"。

奈飞把"不要让员工在不得不离开时才获得应得的薪水"作为一条标准。前面也提到，奈飞经常鼓励员工出去面试，这样可以测试奈飞的薪水是不是有竞争力。

不过，在候选人接受工作邀请之前，奈飞通常不会跟他们讨论具体薪水数字，只会告诉对方奈飞的薪酬理念。这么做，也是为了避免对方单纯因为钱而到奈飞工作。

第八条：离开时好好说再见，也就是中国人喜欢说的"好聚好散"。麦考德心目中的理想公司，是"离开之后仍然觉得它是很伟大的公司"的公司，就像早年的苹果或微软。正如之前已经介绍过的，麦考德希望在奈飞建立的，是一种双向流动的团队。一方面，公司会不断地搜寻市场上最优秀也跟奈飞最匹配的人；另一方面，她也不会强留同事。

在奈飞文化PPT中，奈飞把公司比喻成球队，而不是家庭。球队的目的是要取得胜利，能否赢得比赛是衡量球队成功的唯一标准，因此教练会及时换掉没有办法创造出最好成绩的选手，甚至当教练自己不能给团队带来业绩的时候，也会被换掉。否则，球队中的其他人和球迷都会很失望。

但是，麦考德强调，必须要让离开的员工意识到，他们只是跟公司的需求没那么匹配，而跟他们是否失败没有关系。一些离开的员工在其他公司其实能取得更好的成就。有时候员工迅速离开，换一个新工作，远比留下来大家互相勉强，更符合每个人的利益。

谈及企业文化，绕不过去的是文化背景。在中西方文化背景的差异下，企业文化有多少具备可参考性，是一个比较有争议的话题。在西方管理学和西方文化的传播下，目前中国企业接受西方文化的可能性在加大。《奈飞文化手册》和达利欧的《原则》共同强调的透明、坦诚的沟通文化，既然被这么郑重其事地提出来，可见西方主流企业文化中的公司政治与中国别无二致。

奈飞的发展自然有独到之处，它和创始人独到的眼光、时代背景及运气有关，当然也和公司运作的模式、企业的行事原则和企业文化密切相关。

奈飞文化强调打破常规，创新解决问题。奈飞关注最佳的岗位匹配度并发挥最佳的效果。对于薪资，奈飞不局限于原有的工资水平，而在于业界最佳的贡献匹配度。对于人才流动，奈飞比较开放，甚至把它当作员工市场价值的试探。一切围绕业务运转，所有员工关注业务、关注客户服务，是奈飞文化关键的要素，这就要求向员工传达正确的业务信息，所以透明和坦诚十分必要。奈飞的公开辩论也值得深思——针对不同业务开展的思维逻辑辩论对避免出现羊群效应的思维偏见至关重要，观点换位的辩论也可以促使决策更加成熟。